KB275813

우리는
폴리아모리
한다

우리는 폴리아모리 한다

심가용 · 정윤아 지음

왜 한 사람만 사랑해야 하는가?

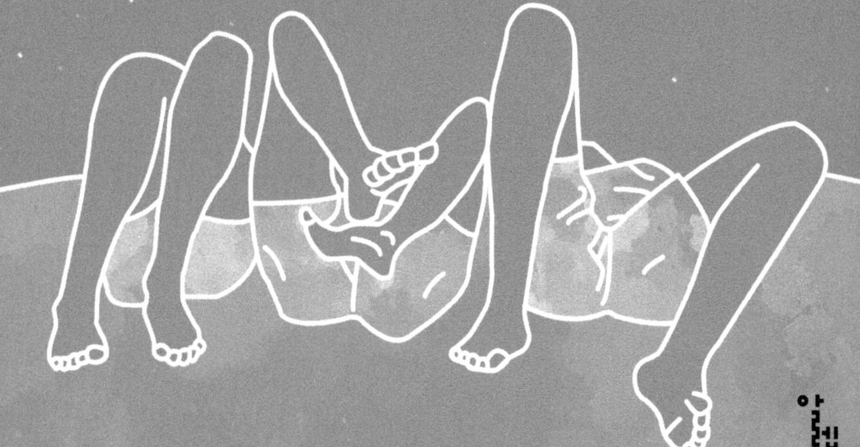

알렙

욕망의 억압에 관한 전설

태초에 욕망이 있었다. 신은 처음에 무엇이든 가능한 세계를 만드셨다. 인간을 포함한 모든 동물들은 벌거벗고 있었고, 누구나 자유롭게 뛰어놀 수 있었으며, 나아가 그들에게는 대부분의 나무에 열린 열매들을 채집할 수 있는 권리가 있었다. 그들에게 주어진 의무는 두 가지였다. 하나는 욕망에 따라 끝없이 번식해 나가는 것, 다른 하나는 선악을 알게 해주는 열매를 먹지 않는 것이었다. 말하자면 신은 선과 악의 구분이 없는 세계를 원하셨고, 오직 욕망을 제약 없이 발산하는 세계를 꿈꾸셨던 것이다. 그래서 신은 자신이 만들어낸 자연 그대로의 아름다운 창조물을 만족스럽게 바라보며 '보기 좋다'라고 말씀하셨다.

주 하나님이 사람에게 명하셨다. "동산에 있는 모든 나무의 열매는, 네가 먹고 싶은 대로 먹어라. 그러나 선과 악을 알게 하는 나무의 열매만은 먹어서는 안 된다." (「창세기」 2장 16절)

하지만 안타깝게도, 인간이라는 종족은 다른 동물들보다 호기심이 많았던 것 같다. 결국 선악을 알게 하는 열매를 입에 넣고야 말았던 것이다. 신은 욕망으로 충만한 자연 그대로를 꿈꾸었음에도, 인간은 그에 불응하여 도덕에 대한, 추상적 개념에 대한, 그리고 변별적 인식 전체에 대한 의지를 가지게 되었다. 신이 그려놓은 구상도와 달리 인간은 실재하는 자연 자체를 긍정하지 못하고 다양한 욕망들을 심리적 현상들로 억압하기 시작했다. 수많은 금기들이 인간의 문명 내부로부터 발생하게 되었고, 특히 명시적으로 '옷을 벗고 있으면 안 된다'는 금기가 새겨졌다. 옷을 벗고 있는 상태가 상징하는 것은 개방적이고 자유로운 성과 사랑이다. 즉 '열린 사랑'에 대한 욕망은 가장 오래전부터, 가장 강하게 억압되어 왔던 것이다. 인간은 이러한 심리적 현상을 '부끄러움'이라 불렀다.

부끄러움은 우리에게 원죄의 흔적으로 가슴 깊숙한 곳에 새겨졌고, 이로 인해 우리는 우리 스스로를 감시하며 살아가게 되었다. 이제 우리는 사랑을 해도 해도 답을 내릴 수 없게 되었다. 우리는 어떻게 사랑해야 하는지 끊임없이 고민하고, 자신의 행동이 옳았는지 틀렸는지 주변의 동료들에게 물어보며, 때로는 죄책감을 가지다가도 때로는 상대가 했던 잘못들을 상기하며 그 죄책감을 훌훌 털어버리기도 한다. 우리가 하고자 하는 이야기는 바로 이런 것들 중 하나이다. 이 책은 한마디로 사랑에 대한 이야기이다. 조금 더 구체적으로는 금기시되거나 죄책감을 유발하는 사랑의 한 모습에 대한 이야기이다. 왜 어떤 사랑은 해도 되고 어떤 사랑은 해서는 안 되는 걸까. 사랑하는 과정에서 발생하는 우리의 고민은 무엇이고, 그것은 어떻게 해소할 수 있을까. 무엇보다, 지금 와서 사랑을 다시 이야기해야만 하는 이유가 무엇일까.

우리는 기존의 사랑을 둘러싸고 있는 이데올로기들이 우리의 충만하고 행복한 사랑의 향유를 방해하고 제약한다는 가정으로부터 시작한다. 그러한 이데올로기로 말하자면 가령 이성애중심주의도 있고, 자본주의도 있고, 인간중심주의도 있으며, 그것들을 가로지르면서 일부일처주의가 있다. 모든 '–주의'는 하나의 관점으로 모든 것을 환원하고 포섭하는 일이다. 이는 일종의 권력적 구조로서 여기서부터 소수자가 발생한다. 이미 모든 언어가 '–주의' 안으로 환원되고 포섭되었다는 점에서 소수자들에게는 자신들을 설명할 언어가 없기 때문이다. 우리는 그러한 소수자들 중 하나의 유형으로서 폴리아모리에 대해 집중해 보려고 한다. 여기, 둘 이상을 사랑하는 사람들이 있다. 누군가는 언어를 찾지 못해 사랑을 포기하기도 하고, 누군가는 자신을 보듬어줄 수 있는 공동체를 찾지 못해 죄인처럼 살기도 하고, 누군가는 안정적인 영토를 끝까지 찾지 못해 결국 죽음을 선택하기도 한다.

그러니까 우리는 폴리아모리들을 설명할 수 있는 몇 가지 언어들을 제시하고자 한다. 그들로부터 새로운 가능성을 발견하고 특이한 상상력들을 추출해 내고자 한다. 우리는 너무나 다르지만 어쩌면 공통의 고민거리를 안고 있을지도 모른다.

따라서 1장에서는 우선 폴리아모리의 언어를 가지지 못했던 사람들이 현실 속에서 어떻게 살아가고 있는지 구체적인 사랑의 사례들을 일곱 가지 정도 살펴볼 것이다. 즉 우리가 쉽게 겪을 수 있고 공감할 수 있는 지점들을 함께 생각해 보며 폴리아모리를 향해 조금씩 다가서기로 한다.

2장에서는 국내에서 폴리아모리의 언어를 선취한 사람들이 실제로 어떻게 활동을 하고 있는지 보여주고, 그로부터 폴리아모리와 그 유형들은 무엇인지 살펴볼 것이다.

3장에서는 스피노자의 사상을 중심으로 하여 폴리아모리를 어떻게 존재론적으로 이해할 수 있는지 그 맥락을 짚어본다.

4장에서는 위의 내용을 중심으로 하여 폴리아모리(어떤 사람들은 폴리아모리를 수행하는 사람들을 폴리아모리스트라고 구분하여

부르기도 하지만, 이 책에서는 폴리아모리로 통일한다)의 소수자 정치의 가능성을 예측할 것이다.

마지막으로 5장에서는 우리가 구체적으로 어떻게 폴리아모리로서 살아갈 수 있는지, 어떤 유용한 팁들이 있는지, 심지어 폴리아모리가 아니더라도 어떻게 폴리아모리와 조화롭게 사랑하며 살아갈 수 있는지 구체적인 방법들을 모색해 보고자 한다.

덧붙여 이 책이 나오는 데에 있어서 크나큰 도움을 주었던 성조, 현세, 민식, 상진, 한별, 재임, 규민, 민지, 예진, 그리고 무엇보다 철학공방 별난과 알렙에 감사와 사랑을 전한다.

2017년 7월

심기용, 정윤아

차례

5장 충돌 없는 폴리아모리를 위한 몇 가지 방법

1장

나도 폴리아모리일까?

낯선 사랑의 문턱들 앞에서

어느 날 어떤 사람들이 우리가 폴리아모리를 연구하고 있다는 사실을 알고 찾아와 이런 식의 질문을 했다. "폴리아모리는 잘생기고 예쁜 사람들만 하는 거 아니에요? 가진 놈들이 더 가지려고 하는 거지 뭐." 한 사람의 연인도 생기기 어려운데 여러 사람을 연인으로 두다니, 그것은 필시 외모가 수려해야만 가능한 욕심일 것이다. 우리는 이날 폴리아모리라는 개념의 필요성이 단지 능수능란한 연애 고수들을 위한 것이 아님을 설명하기 위해 진땀을 흘렸다. 폴리아모리의 삶을 아주 먼 이야기로 생각하는 우리의 선입견이 단단히 뿌리 내리고 있는 것 같다.

폴리아모리들의 이야기는 일반적인 우리들의 삶과 분리되어 있지 않다. 언어가 영어권에서 비교적 새롭게 뿌리내린 것이고,

여러 명을 사랑할 수 있다는 상상력 자체가 우리에게 부재하기 때문에 갖게 되는 거리감일 순 있다. 그러나 이것은 말그대로 선입견이다. 직접 들어본다면 생각 외로 아주 평범한, 이미 겪어본 이야기일 가능성이 농후하다.

살아가다 보면 누구나 낯선 사랑의 순간들을 마주할 때가 있다. 연애를 하는 이들은 계속 새로운 사랑에 눈을 뜨게 되는 경험을 하고, 누군가와 연애나 결혼을 하고 있더라도 제3자에 대한 불편한 설렘을 느끼기도 한다. 나아가 폭넓은 사랑의 경험들까지 생각한다면 더더욱 폴리아모리의 사랑이 멀기만 한 것이라고 생각하기 어렵다.

많은 사람들이 폴리아모리들의 고민들을 들으면서 크게 공감하곤 한다. 그래서 우리는 1장을 통해 기꺼이 자신의 삶을 대중에게 소개하도록 허락해 준 사람들의 고민들을 나눠 보려고 한다. 모든 사례에 공감하지 못할 수도 있고, 반대로 모든 사례에 공감할 수도 있을 것이다. 중요한 건 이들이 던지는 문제제기다. 일곱 개의 이야기들을 읽어 나가며 그 다양한 고민들에 귀기울여 보자. 그것이 우리가 폴리아모리를 이해하는 첫걸음이 될 것이다.

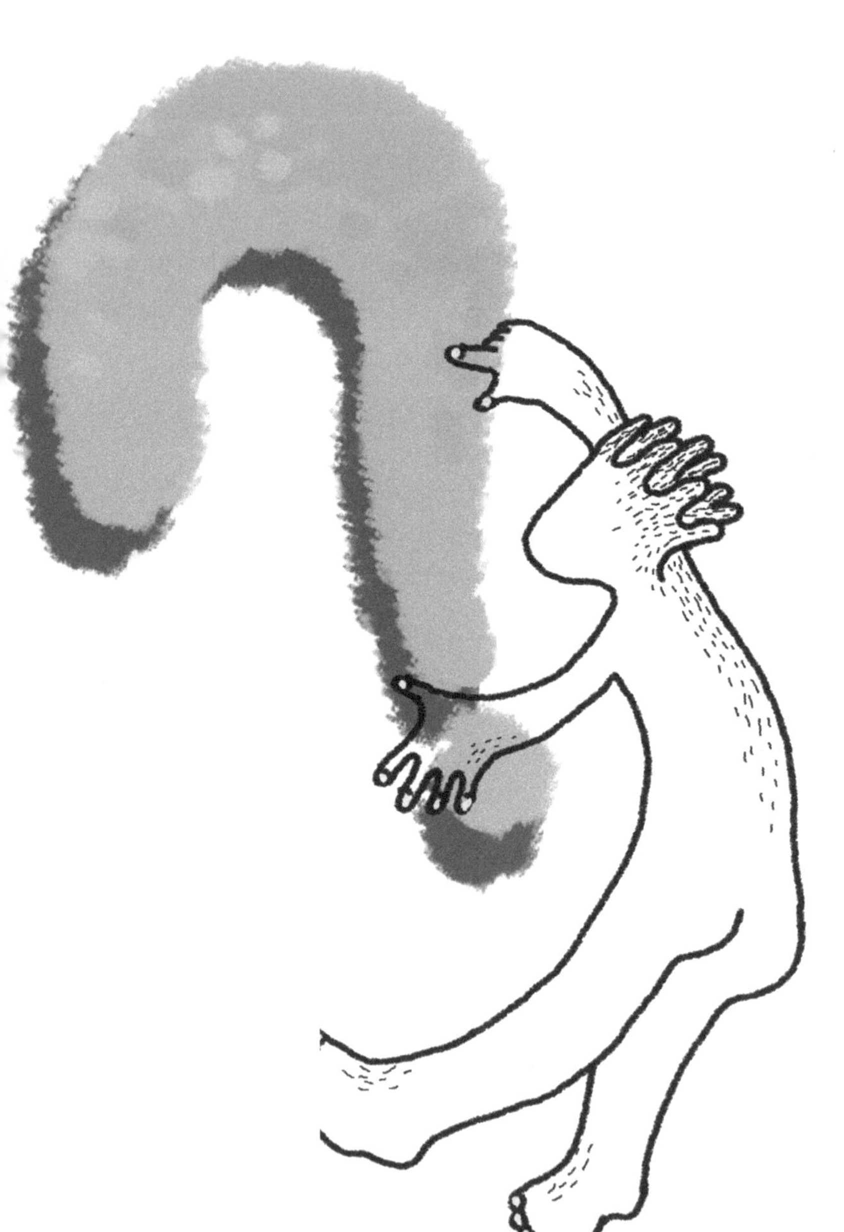

#1. "이건 사랑이 아니야"

낯선 순간들이 있다. 너무나 새로워서 조금은 흥분되고, 익숙하지 않아서 조금 걱정되기도 한, 그런 순간들. 그것을 한 단어로 표현하기는 어렵다. 왜냐하면 복잡한 마음을 설명하기에 우리의 언어는 너무나 협소하기 때문이다. 잠시 동안 멍해진 머리를 추스르기 전까지는 어떤 말도 떠오르지 않는다. 낯선 순간들은 언제나 예상치 못했던 것과 우연히 마주칠 때 발생한다. 커피를 마실 목적으로 카페에 갔는데 나도 모르는 사이 미소가 어울리는 그녀의 시선을 따라 쳐다보게 되고, 여느 때처럼 만원 버스를 타고 집에 가다가 문득 그와 마주 보고는 급히 눈을 피하게 된다. 낯선 순간이라는 것은 혼자 있어서는 결코 만들어질 수 없다. 그렇다면 그것은 우리가 사랑이라고 부르는 것과 일종의 연결점을 가지고 있지 않을까. 시온의 이야기를 들어보자.

시온은 이른 나이에 결혼을 하였다. 그는 고등학교를 졸업하자마자 대학에 가지 않고 번화가의 한 골목에서 말린 꽃송이를 팔기 시작했는데, 그때 인터넷에서 아르바이트를 구하다가 처음으로 아내와 만나게 되었다. 그리 어렵지 않은 업무 시간 내내 계속 함께 일하다 보니 서로 가까워져 연애를 시작했고, 스킨십이 오갔으며, 이 사람이 내 사람이면 좋겠다는 생각을 하게 됐고 결국 결혼을 결심했다. 아내의 임신 사실을 알게 되었을 때 기쁜 마음도 있었지만, 한편으로는 미처 준비가 되어 있지 않은 자기 자신이 원망스럽기도 했다. 그래서 아내와 자식에게 꿀리지 않는 아빠가 되리라 굳게 다짐하고 작은 꽃가게를 하나 열었다.

불타오르는 마음은 영원하지 않았다. 빠듯하게 들어오는 수입과, 한 푼 두 푼을 위해 최선을 다해 자기 자신을 없애고 고객의 비위를 맞춰야 하는 삶이 반복되었다. 시온은 언제부턴가 일상이 조금 지루해진 것도 같았다. 20대까지 그는 자신이 젊다고 느꼈기에 세월을 인식하지 못하며 살아왔지만, 이제는 오르막길을 올라갈 때에도 금방 숨이 턱 막히고, 매끈했던 목에도 주름이 하나둘 내려앉았다. 30대 중반에 올라왔다는 것은 시온에게 있어서 시계를 자주 본다는 것을 의미했다. 흰 바탕을 검고 길게 가로지르는 시계의 초침은 오른쪽 방향으로, 정확히 한 칸씩, 변함없는 템포로 움직였다.

그러던 어느 날 시온의 꽃가게 옆에 한 작은 편의점이 입점했다. 연주라는 이름의 점장을 만났고, 잘 부탁드린다는 말이 오 갔다. 그 편의점에서는 새벽을 제외하고는 대부분의 시간에 아 르바이트를 썼기 때문에, 점심 무렵이 되면 연주는 꼬박꼬박 시 온의 꽃가게에 놀러 와 삼각김밥이나 햄버거 따위를 같이 먹곤 했다. 그 점심시간은 시온이 지내온 고단한 삶 가운데 최고의 안식이 되었다. 눈물로 차오른 눈을 마주보면서 고민을 나누었 고, 따뜻한 품에 안고 서로를 위로했으며, 상대의 팔을 툭 치면 서 장난을 치기도 했다. 개업한 이래로 오직 홀로 일하던 시온 에게 일종의 낯선 순간이 찾아온 것이다. 이 사건을 시온은 자 신에게 있어 너무나도 큰 인생의 전환점이었다고 회상한다.

"지금 생각해 보면 제 삶이 변화했다는 사실 자체가 좋은 것 같아요. 처음에는 무서웠어요. 새로운 건 언제나 무섭잖아요. 저는 스마트폰 처음 나왔을 때에도 나의 프라이버시가 얼마나 침해될까 무서웠거든요. 하지만 어떤 것이 정말로 제 마음에 드 는 변화이든 마음에 들지 않는 변화이든 간에, 그 변화들 자체 가 세상을 역동적으로 만들어주는 것 같아요." (시온, 37세)

같은 건물에서 세를 내는 사이이다 보니, 잔돈 부족할 때면 서로 빌려가기도 하고, 밖에서 소음이 있거나 하면 함께 나가서

따지기도 했다. 시온은 아마도 연주가 자신과 비슷한 나이일 것이라 확신했고, 어떤 고등학교 친구들보다도 친근감을 느꼈으며, 때로는 의존했다. 매일 오던 연주가 오지 않는 날에는, 시온은 괜히 외로워졌다. 연주의 삶 전체의 역사를 알지도 못했고, 구체적으로 어떻게 살아가고 있는지 당시에는 알지 못했지만, 그저 힘든 일을 잊어버리고 먹는 점심과 그 휴식의 상징물이 된 연주의 얼굴을 보는 것이 행복했다. 가끔씩 농담을 던지면 숨이 넘어갈 것처럼 웃어 주는 연주의 모습에 단단한 씨앗으로 응축되어 있었던 시온의 마음이 서서히 벌어졌다.

초침의 움직임만 바라보던 시온의 삶에 연주는 불규칙한 재즈의 리듬을 가져다주었다. 연주의 말과 행동에는 여유가 충만했다. 시온은 원래 아내 이외의 사람이 하는 스킨십을 불편해하는 편이었다. 하지만 연주는 사람 자체가 워낙 털털한 성격이어서 가벼운 스킨십을 시도 때도 없이 하기 때문에 시온은 불편한 느낌이 들기는커녕 기분이 좋았다. 오히려 스킨십이 없을 때 무슨 일이 있는지 걱정이 되었다. 물론 혹시나 아내가 가게에 찾아올까 봐 불안해지기는 했다. 그럼에도 시온은 만일 아내를 포함한 다른 누군가가 이 장면을 목격한다면 오해를 하지 않아 주었으면 좋겠다고 생각했다. 기분 좋은 낯선 순간이 존재할 뿐 연주에 대한 별다른 마음은 없기 때문이었다. 결혼을 한 사람이 이런 기분 자체를 느껴서는 안 될 것 같다는 죄책감이 들기도 했다. 그러나 죄책감의 이유는 명확하지 않았다. 시온은 간통죄의 폐지와 도덕적 양심 사이에서 갈등되었다. 생각해 보면 간통도 아니었다. 이성으로 느껴지는 게 아니니까. 시온은 자신이 연주에게 느끼는 다양한 즐거움과 행복과 육체적 감촉이 결코 사랑은 아니라고 딱 잘라 생각하기로 했다. 하지만 때때로 헤맸다. 사랑이 아닌 것은 확실할까. 혹시나 사랑이면 어쩌지. 나중에, 아주 나중에라도 사랑에 빠져버리면 어쩌지.

시온과 같은 경험을 해보지 못한 사람은 별로 없을 것이다. 시온과 연주는 명확히 '사랑한다'는 표현으로 설명할 수 없는 사이인 것은 확실하다. 그러나 서로 보고 싶어하고, 만남을 좋아하며, 스킨십에 행복하게 되었다. 그럼에도 시온이 연주를 사랑한다고 표현하지 않으려 하는 이유는, 아마도 실제로 적절하다고 상정한 수준 이상의 욕망이 생기지 않았기 때문일 수도 있고, 사랑해서는 안 된다는 도덕적 명령이 뇌리에 스쳤기 때문일 수도 있고, 또는 어쩌면 안정적으로 유지되는 가족관계에 균열을 낼 수 있다는 우려 때문일 수도 있다. 이유가 무엇이건 간에 시온은 너무나 고민하고 있으며, 행복을 느끼는 순간에도 그 행복을 온전히 향유하지 못하고 걱정에 빠져 있는 것으로 보인다. 특히나 이 관계가 적어도 '사랑은 아니다'라고, 다수의 표현을

빌리자면 '이성으로 느껴지지는 않는다'고, 구분하려 노력하고 있다. 그렇다면 우리는 궁금해진다. 만일 시온이 사랑을 인정해 버릴 경우 어떤 일들이 이어지게 될까. 다음에 소개될 이야기는 새로운 사랑을 인정한 이후의 문제를 잘 보여줄 것이다.

#2. "하나만 선택해"

아영은 갓 시험을 마쳐 기분이 좋은, 평범한 고등학생들 중 한 명이었다. 아영의 애인은 언덕 건너편에 있는 고등학교에 다녔다. 그들은 중학교 시절 같은 반에서 만났는데, 함께 봉사 활동을 다니며 어느 정도 친밀도를 쌓다가 결국 누구 한 명 고백한 적 없었지만 자연스럽게 사귀는 사이가 되었다. 물론 한국 특유의 교육에 대한 추진력 덕분에, 아영은 고등학교에 올라온 이후 애인과 따로 만날 시간이 없었다. 그나마 시험이 끝난 날처럼 잠시의 여유가 생기면 같은 반에서 가장 친한 친구인 예지를 불러 학교 앞 분식점에서 만나자고 하는 게 전부였다. 그날 또한 하고 싶은 이야기가 많았던 아영은 예지와 함께 분식점으로 향했다.

예지가 아영에게 애인과 잘 지내냐고 물으면, 아영은 여느 때처럼 잘 지낸다고 답했다. 아영에게 잘 지낸다는 것은 애인과 매일 카톡으로 대화를 하는지의 여부에 달려 있었기 때문이다.

실제로 아영과 애인은 매일 밤마다 카톡으로 당일에 있었던 일들을 가지고 수다를 떨었다. 물론 그 내용은 수능 제도와 그에 길들여진 스스로에 대한 탄식이 대부분이었다. 애인의 사랑한다는 말과 함께 잠이 들었기 때문에 아영은 자신의 연애가 너무나 성공적이라고 생각했다. 하지만 딱 한 가지 문제가 있었다. 성공적인 연애와 별개로, 아영에게 심장을 두근거리게 만드는 또 다른 사람이 생겨버린 것이다.

아영은 고등학교에 올라온 직후 봉사 동아리에 가입을 신청했다. 봉사 동아리에서 하는 일은 한 달에 한 번씩 정기적으로 저소득층 아이들의 공부방에 찾아가 수학과 영어를 가르치는 일이었다. 두준은 그 동아리에서 꾸준히 활동하고 있던 선배들 중 하나였는데, 아영의 마니또가 되어 아영이 아이들을 어떻게 가르쳐야 하는지 도와주었다. 함께 간식을 먹었고, 쉬는 시간마다 공부방에 설치된 간이탁구대에서 탁구를 쳤다. 다른 선배들과 친구들도 있었지만, 두준이 아영을 가장 적극적으로 돌보아주었고, 아영 또한 두준이 있어서 동아리 생활이 더욱 풍요로워졌다. 심지어 두준의 외모는 충분히 훈훈하고 말도 잘하는 편이어서, 얼핏 보기에 인기도 많은 것 같았다. 아영은 이러한 자신의 경험들을 예지에게 털어놓았다.

아영은 봉사 활동을 가는 길에 두준이 땀을 흘리며 자신에게로 달려오는 모습을 보고 심장이 두근거리고 말았다고 예지에게 설명했다. 그러나 예지에게 중요한 것은 이러한 시시콜콜한 이야기들이 아니었다. 예지는 단도직입적으로 사랑하냐고 물었다. 아영은 아마도 사랑하는 것 같다고 대답했다. 예지는 다시 정말로 사랑하냐고 물었고, 아영은 정말로 사랑한다고 대답했다. 그리고 두준이 아직 이러한 자신의 마음을 모르고 있다고 덧붙였다. 아영이 보기에 예지는 조금 당황한 것처럼 보였고, 조금 화가 난 것처럼도 보였다. 하지만 아영은 솔직한 심정을 말한 것이기에 큰 동요가 일지는 않았다.

아영은 자신이 어떻게 할지 갈피를 잡지 못했고, 사실 그 답을 필요로 하지도 않았으며, 그저 심정을 친구에게 털어놓는 것만이 하나의 해소 방안이 될 수 있을 것이라 믿었다. 하지만 예지는 너무나 명쾌한 문장으로 답을 제시해 주었다. 애인이 더 좋으면 두준을 깔끔하게 정리하고, 두준이 더 좋으면 애인과 헤어지라고. 예지는 단호했다. 예지는 아영이 욕심을 부리고 있을 뿐이며, 어영부영할수록 모두가 상처를 받게 된다고 주장했다. 아영이 생각하기에도 자신이 이대로 시간을 끌다가는 뭔가 문제가 있을 것이 뻔했다. 아영은 예지의 말이 틀리지 않았다고 생각했지만, 그렇게 단순한 답을 내릴 문제라고 생각하지는 않았다. 두준이 애인보다 더 좋아진 것은 사실이지만 지금의 애인 또한 아주 충분한 정도로 좋아하고 있기 때문이었다.

"두준이는 제게 설렘을 제공했어요. 함께 거리를 걸을 때 무슨 말을 해야 할지 모르는 떨림 있잖아요, 그런 게 느껴졌어요. 반대로 애인은 그렇게 잘생긴 것은 아니지만, 제게 너무나 편안하고 아늑한 존재로 있었죠. 가끔씩 전화를 할 때 아무 말 하지 않아도 행복이 느껴진다고나 할까. 사실 지금 돌아보면 예지의 말이 답답했던 거지만, 그래도 예지의 생각은 많은 사람들의 생각과 같잖아요. 저도 그랬죠. 두준을 선택하면 애인의 믿음에 대한 배신이 될 것 같았어요. 그리고 애인을 선택하자니 두준을 가지고 논 쓰레기가 될 것 같았어요." (아영, 19세)

아영과 마찬가지로 우리도 사랑의 문제에 있어서 이러한 선택의 기로에 설 때가 있다. 누군가를 공개적으로 사랑하는 일은, 단순히 사랑한다는 말만으로 끝나지 않기 때문이다. 거기에는 타인들의 시선이 개입하고, 문화적 규범이 개입하며, 법이 개입한다. 사랑에는 감시와 처벌이 뒤따른다. 우리가 주목해야 할 지점은 바로 예지의 조언이다. 감시와 처벌은 이처럼 우리에게 '하나만 선택해야 한다'고 끊임없이 귓속말을 한다. 이것 아니면 저것. 이것은 저것이 아니고, 저것은 이것이 아니라고. 그런데 왜 우리는 처음부터 양자택일을 해야만 한다고 생각할까. 만약 두 아이를 낳게 되면 우리는 둘 중 하나만을 사랑해야 할까. 두 아이만의 각각의 차이 나는 특징들을 그 자체로 사랑해 줄 수는 없을까. 또는, 만약 두 아이를 굳이 비교해 보았을 때 첫째 아이를 더 좋아한다고 해서 둘째 아이와는 결별해야만 하는 이유가 있을까.

왜 한 사람만 사랑해야 하는 걸까. 둘을 모두 사랑할 수는 없는 걸까. 모두를 사랑하면 상처받는 문화적 기제는 어디서부터 시작되었을까. 한 사람만을 사랑하지 못하고 헤매는 것은 정말로 자신의 과도한 욕심과 고집을 꺾지 못해 생기는 일일까. 물론 실제로 삼각관계가 알려져 많은 사람들의 상처를 유발한 사례들이 많이 있다. 어쩌면 아영의 애인은 물론이고, 두준도, 당사자인 아영도, 그들의 트러블을 바라보아야 하는 예지도, 기타 주변의 많은 사람들도 그 관계로 인해 불편해질 수 있을 것이다.

마치 재미있어 보이는 장난감을 모두 사달라고 떼를 쓰는 어린아이처럼, 마음에 드는 사람들을 모두 사랑해 버리는 일은 사람들의 눈살을 찌푸리게 만들 수 있다. 사람들은 말한다. 하나를 깔끔하게 버림으로써 다른 하나를 완벽하게 취하라고. 부모님의 재정에 한계가 있기 때문에 장난감을 모두 살 수 없는 것이 현실이라고. 그런 측면에서 보면 현대 사회의 사랑은 마치 돈과 같은 것처럼 여겨지는 것 같다. 사랑은 물질도 아닌 것이 마치 물질인 양 '주고받는다'라고 표현되곤 한다. 뿐만 아니라 사랑하는 사람을 '소유'한다고 표현되기도 한다. 혹자는 사랑이야말로 최고의 재산이라고 선언하기도 한다. 그러나 사랑이 과연 지갑에서 나오는 돈과 같이 유한한 것일까. 그래서 어느 정도 사용하면 소진되는 것일 뿐일까. 과연 사랑은 그렇게 소유될 수 있는 문제일까.

#3. "아무도 사랑하지 않을래"

많은 사람들에게 누군가를 사랑한다는 것은 그 누군가의 일부를 소유한다는 것을 의미한다. 그들은 사랑하는 사람을 마치 자신의 장기 중 하나처럼 느낀다. 그래서 만일 사랑하는 사람을 자신에게로 이식해 가려고 하는 또 다른 경쟁자가 있다면 그들은 너무나 고통스러워하고 분노한다. 사회학자 앤서니 기든스 Anthony Giddens는 이를 '낭만적 사랑romantic love'이라 부른다. 낭만적 사랑은 너와 나의 합일 상태에 대한 숭고함에서 비롯된다. 그런 점에서 낭만적 사랑을 하는 사람들의 경우 서로에게 가장 중요한 존재가 되어야만 하며, 만일 둘 사이에 침입자가 있다면 제거해야만 한다. 이러한 당위들로부터 오는 강박이 상대에 대한 의심을 만들고, 질투를 만들며, 불화와 싸움을 만든다. 여기, 그렇게 끊임없이 겪어온 싸움들에 지쳐버려 독신을 선언했던 승연의 이야기를 살펴보자.

사람들은 승연을 미혼이라 부르지만, 승연은 스스로를 비혼이라 불렀다. 사실 승연의 말이 맞았다. 왜냐하면 승연은 더 이상 결혼을, 아니 사랑 자체를 하고 싶지 않았기 때문이다. 승연은 큰 홑꺼풀의 눈에, 고운 머릿결 그리고 흰 피부를 가지고 있어 어릴 적부터 꾸준히 호감의 시선을 받아 왔다. 고등학교 생활을 마쳤을 때 승연이 직접 세어본 연애 경험은 여섯 번이었고, '썸'만 탄 것까지 합치면 열 번도 넘었다. 승연은 집착이 많은 편은 아니었다. 반대로 지금까지 '네가 다른 사람이 좋아진다면 나도 다른 사람 사랑하면 되지'라는 통 큰 마음으로 연애를 해왔다. 물론 한 애인은 이러한 승연의 쿨한 태도가 마음에 들지 않아 떠나기도 했다. 하지만 다른 애인들에게 이러한 일종의 '밀당'이 꽤나 성공적이었고, 사소한 질투로 인해 헤어지지 않는 한 상대 쪽에서 승연에게 매달리기 일쑤였다.

대학에 올라와서도 승연은 흔히 CC라고 부르는, 모두가 부러워하는 관계를 쉽게 경험할 수 있었다. 캠퍼스 내에 있는 카페에서 아르바이트를 하던 승연에게 손님 하나가 쭈볏쭈볏 다가와 전화번호를 받아 갔고, 그와 이런저런 만남 끝에 연애에 골인했기 때문이다. 그런데 언제부턴가 승연은 자신의 일곱 번째 연애, 즉 지금의 이 연애가 성인이 되기 이전까지의 연애와는 너무나 다르다는 것을 느끼게 되었다. 어떤 점이 다른가. 첫째로 술이 있고, 둘째로 섹스가 있다. 이는 승연의 연애관을 180도 바꿔놓았다.

승연은 애인의 제안에 흔쾌히 동의하여 성관계라는 것을 경험해 보게 되었다. 처음에는 마치 아래에 불이 난 것처럼 아픔이 느껴졌다. 그러나 몇 달이 지나는 동안 애인과 잠자리를 거듭하면서 서서히 몸은 안정을 찾게 되었고, 따뜻한 온기가 맞닿는 느낌이 행복했으며, 무엇보다 감각적으로 흥분되는 느낌이 새로웠다. 문득 승연은 자신과 애인이 하나가 되었다고 느꼈다. 그때 승연의 뇌리에는 잠깐 동안 이러한 생각들이 스쳐지나간 것 같았다. 이 사람과 영원히 함께이고 싶다. 이 사람을 소유하고 싶고, 나도 이 사람에게 소유되고 싶다.

"그 사건이 제게 제일 중요했던 것 같아요. 돼지고기 잘 안 익혀서 먹으면 벌레가 머릿속에 들어와 갉아먹는다고 하잖아요. 저도 미숙한 마음으로 성관계를 해서 그런지, 소유하고 싶다는 생각이 그때부터 제 머릿속을 막 헤집고 다니더라구요. 좋은 경험이라고 생각해요. 그리고 소유욕을 없애려고 노력한 것이 아니라 어떻게 그 소유욕을 활용할까 고민했던 게 지금의 제 자신을 만든 것 같아요." (승연, 28세)

여느 커플들이 그렇듯, 승연의 애인도 연애를 한 지 2년 정도가 지나자 조금의 변화가 있었다. 그는 다시 자신의 일에 집중하기 시작했고, 때로는 TV에 나오는 아이돌을 보며 좋아하기도 했고, 때로는 핸드폰에 있는 야동을 들켜 사과하기도 했다. 뭐, 따지고 보면 승연의 애인이 '변화'한 것은 아니었다. 왜냐하면 승연의 애인은 원래부터 그런 사람이었기 때문이다. 반대로 승연에 대한 열정 때문에 2년간 잠시 변화했다가 다시 제자리로 돌아간 것일 뿐이었다. 하지만 승연은 그러한 관계에 대해 가끔씩 불만이 들었고, 종종 투정을 부리기도 했다. 성관계를 한 이후로 자신의 집착이 조금 더 늘었다고 자각한 승연은 본래의 페이스를 찾고자 노력하기도 했지만, 감정이 생각을 쉽게 따라주지는 않았다.

승연의 애인이 대학에서 자신의 학과 동기들과 술자리가 있다고 한 날이었다. 밤늦게 도서관에서 공부를 마친 승연은 애인의 얼굴도 볼 겸 술자리가 있는 호프집에 찾아갔다. 그런데 예상과 달리 호프집에는 애인이 없었다. 애인의 친구들은 그가 술에 취해 후배 하나와 함께 집에 먼저 갔다고 했다. 별다른 연락이 없었기 때문에 승연은 걱정이 들기 시작했다. 그 걱정의 내용은 복잡했지만, 그중 하나는 애인의 신변에 무슨 일이 생기지는 않을지의 문제였고, 다른 하나는 애인과 그 후배의 사이에 무슨 일이 생기지 않을지의 문제였다. 뿐만 아니라 이런 상황에서도 구질구질한 집착을 하고 있는 스스로에게도 불쾌감이 들었다. 다음날 애인이 아무 일 없이 집에 가서 잠이 들었다고 주장한 탓에 승연은 예민한 감정을 접어두었지만, 애인의 졸업이 가까워 오면서 이런 유사한 일들이 끊임없이 반복되었고, 결국 승연은 이별을 선고하고 말았다.

승연은 이별 후에 생긴 우울증으로 정신과에 다니게 되었다. 술을 좋아하지 않고 솔직하게 모든 것을 말하는 다른 애인을 사귀면 모든 문제가 해소될 것이라 생각했다. 하지만 대통령을 갈아치운다 해도 세상은 전혀 바뀌지 않는 법. 졸업을 마치고 취직을 한 이후 직장 내에서 세 명의 애인을 갈아치울 때까지, 모든 연애는 고통스러운 이별로 마무리되었다. 승연은 각 애인들이 섹스를 마치고 잠이 든 동안 몰래 핸드폰을 열어 문자 내역을 확인했다. 실제로 마지막으로 사귀었던 애인은 승연에게 숨긴 채 다른 이성과 단 둘이 술을 마셨고 그 사실이 문자 내역을 통해 발각되기도 했다. 승연의 우울증은 더욱 깊어졌고, 결국 다음과 같이 선언했다. 아무도 사랑하지 않겠다고. 세상에는 안심하고 믿을 만한 사람이 단 한 명도 없다고. 절대로 결혼하지 않고서 자신이 기르는 강아지와만 평생을 살아갈 거라고. 승연은 자신이 사랑했던 사람들로 인해 큰 심적 절망감을 겪었기에, 사랑 자체를 하지 않는 것만이 자신을 행복하게 만들어줄 것이라 판단했던 것이다.

승연과 같이 우리도 문득 사랑에 진절머리가 날 때가 있다.

소유욕에 기반한 낭만적 사랑은 너무나 불안정하다. 가는 것이 있으면 오는 것도 있어야 하는 것이 많은 현대인들이 원하는 사랑의 패턴이다. 하지만 사람은 누구나 다르다. 서로 인생에서 최고라 생각하는 것이 다르고 가치관이 다르며 심지어 자신조차 시간에 따라 달라진다. 그래서 가는 사랑과 오는 사랑은 결코 동일할 수 없다. 때문에 결국은 트러블이 생기고, 많은 경우 이별하게 되며, 특히 승연의 경우에 사랑은 그저 트라우마와 우울증으로 남아 버리게 되었다.

물론, 소유의 관념 자체를 버린다면 사실 애인이 어떤 짓을 하고 돌아다니든 알콩달콩 꾸준히 사랑을 베풀며 고통 없이 살아갈 수 있을 것이다. 하지만 말이 쉽지, 우리는 한번도 소유의 관념을 버리는 방법을 배운 적이 없다. 자본주의적 패러다임 내에서의 교육 제도는 우리에게 소유하는 법만을 가르친다. 스님이 아니라면 무소유를 제대로 가르쳐줄 사람이 없지만, 도리어 스님들은 우리를 가르쳐 주기는커녕 스스로 깨달아 보라고만 말한다. 그래서 우리는 사랑에 있어서 방황한다. 어쩌면 이 탄탄한 자본주의적 구조에 균열을 내는 것은 고유한 의미에서의 사랑일지 모른다. 소유로 점철된 사랑이 아닌, 하지만 그것을 포괄하는 사랑 자체. 그렇다면 아무도 알려주지 않는 그 자체로서의 사랑이란, 대체 무엇일까.

#4. "눈에 띄지 않는다면 바람 피워도 괜찮아"

인간은 예측할 수 없는 것을 견디지 못하고, 효율적이지 못한 것을 제거하려 하며, 정리되지 않은 것을 불편해한다. 그래서 언제나 다른 무언가를 자신의 생각 안에 고정시키고자 하는 경향이 있다. 옛날 옛적에 그리스 철학자 플라톤Plato은 변화하는 모든 것들은 전부 가짜라고 생각했고, 진짜는 어디 먼 곳에 따로 존재한다고 생각했다. 그는 사랑 또한 최대한 변함없기를 바랐는데, 몸이 결부된 사랑은 언제나 감각에 따라 유동적이기 때문에 그는 오로지 정신적인 사랑만을 지향했다. 즉 자신이 좋아하는 것을 영원히 고정적으로 소유하는 사랑. 그래서 궁극적으로는 어떤 하나의 명제로 정리될 수 있는 사랑.

그러나 플라톤도 미처 생각하지 못했던 '진짜'가 있었으니, 그것은 바로 무의식의 존재였다. 정신이란 결코 고정적일 수 없다. 왜냐하면 무의식이 그 아래에서 꿈틀대며 끊임없이 솟아오르기 때문이다. 무의식은 인과적으로 설명되거나 예측될 수가 없는 영역이다. 말하자면 우리는 많은 경우 고정된 사랑을 지향하지만, 그럼에도 그 사랑은 결코 완벽하게 성공할 수 없으며, 누구나 다른 사람에게 끌릴 가능성이 있다. 앞에서 승연은 그러한 사실을 깨닫고 절망하기에 이르렀다. 이와는 반대로 절망하기보다는 오히려 둔해진 커플도 있을 것이다. 서로에게 우연히 발생하게 되었던 몇 번의 새로움에 대한 욕망을 경험한 이후, 그럭저럭 함께 살아가고 있는 동일과 미연 부부의 이야기는 우리에게 조금은 신선한 충격을 제공할지도 모른다.

동일은 세 살 연상의 미연과 만나 20여 년째 부부 생활을 지속해 오고 있었다. 동일은 밤마다 택배회사에서 일을 했고, 미연 역시 근처 식당에서 작게나마 돈을 꾸준히 벌어 왔다. 아이를 낳지 않았기 때문에 함께 모아놓은 돈은 꽤나 많았다. 둘은 그 돈으로 주식을 사기도 했고, 때로는 둘이 함께 가입했던 여행 동호회에서 사용하기도 했다. 문제는 동일이 일을 하는 동안 일어났다. 어느 날 새벽, 평소처럼 동일이 일을 끝내고 집에 들어가고 있는데 그 앞에서 급히 집으로 들어가는 미연의 모습이 보였다. 무슨 영문인지 알 수 없어 동일은 아무 말 하지 않고 잠에 들었다. 몇 주에 한 번씩 그런 일들은 반복되었다. 어느 날은 심지어 미연이 동일보다 늦게 들어올 때도 있었다. 의아해진 동일은 일까지 쉬어 가며 미연의 행방을 한 달 동안 추적해 보았다. 결국 발목이 잡히고 말았다. 미연이 다른 누군가와 손을 잡고 술집에서 나오는 모습을 발견한 것이었다.

처음엔 분노가 일었다. 하지만, 사실 생각해 보면 동일이라고 떳떳한 것은 아니었다. 왜냐하면 그때 동일 역시 마찬가지로 직장 동료인 유미에게 빠져 있었기 때문이다. 유미에게 호감이 생긴 계기는 다름 아닌 유미의 첫인상 때문이었다. 신입으로 들어온 유미는 부서의 막내였지만 언제 어디서나 당당했다. 회식에서도 먼저 일어나 술을 제안하는 성격이었고, 쉬는 시간에 잠시 시사 문제에 대해 이야기해 보면 작은 목소리에서 나름의 힘이 느껴졌다. 고단한 일을 하던 중 가끔 돌아보며 유미가 어떤 사람일지 궁금해하는 것이, 동일에게는 가뭄 속의 단비와 같았다.

동일은 유미와의 만남이 이전의 만남들과는 완전히 느낌이 다르다고 생각했다. 이전의 연애에서는 동일이 스킨십을 하는 데에 있어 궁극적인 완성이 성관계였고, 그에게 다양한 스킨십들은 성관계로 가기 위한 수단에 지나지 않았다. 그러나 이제는 유미가 커피를 뽑아줄 때 닿는 손끝 하나가 동일을 설레게 만들었다. 유미와의 만남이 특별하게 느껴지는 것은 어쩌면 동일에게 있어 마지막 사랑의 열기일지도 모른다는 생각 때문이다. 어쩌면 유미의 탄력 있고 매끈한 목선이 동일의 얼어버린 젊음을 자극했을지도 모르지만, 적어도 이제는 그것을 탐닉하는 것이 목적이 아님이 확실했다. 만일 동일에게 목적이 있었다면 설렘 자체였다.

결론적으로, 동일은 미연에게 화를 내지 않았다. 자신도 언젠가 미연과 같이 될 수 있다는 것을 알았고, 그때 죄책감을 가지고 싶지 않았다. 다만 동일에게는 몇 가지의 걱정들이 몰려 왔다. 부부 관계가 최우선이 되지 않으면 어떡하지? 이혼으로 향하게 되는 것일까? 만일 이혼으로 향하지 않는다 하더라도, 타인의 눈에 걸리는 순간 우리의 사회적 위치는 애매해지지 않을까? 가령 누군가는 우리에게 분노하고, 누군가는 우리 중 하나를 불쌍해하지는 않을까? 타인의 눈에도 걸리지 않는다 하더라도, 내 눈 앞에서 미연이 다른 사람과 애정행각을 하고 있다면 나는 어떻게 행동해야 할까? 질투하는 척을 하자니 이상하고, 너무나 쿨하게 인사를 건네는 것도 상대가 난처해하지 않을까? 다양한 걱정 끝에 동일은 둘 이외에 다른 눈에 걸리지 않는 한에서의 모든 애정행각들을 용인하기로 마음먹었다. 자신의 눈 앞에서만 아니면, 그리고 우리를 아는 타인의 눈앞에서만 아니면, 오직 아무도 모르는 음지에서라면, 애정행각을 얼마든지 하고 자기 자신의 행복을 추구하도록 할 것.

"제 생각에 중요한 것은 내게 여유가 있는가의 여부인 것 같아요. 누군가 저를 때렸을 때 맷집이 있고, 치료할 돈과 시간이 있고, 제가 집중하고 있는 다른 업무가 있다면 웃어넘길 수 있겠지요. 하지만 그런 여유들이 없으면 화부터 나잖아요. 사랑할 때에도 여유가 중요한 것 같아요. 제가 만약 미연만 바라보고, 혼자 인생을 살아갈 돈과 시간이 없고, 다른 사랑이 다가온 적 없었다면 저도 많이 화를 냈을지 몰라요. 그때까지 저는 폴리아모리라는 것을 전혀 몰랐지만, 적어도 여유 있는 삶은 살았기 때문에 지금의 삶을 만들어낼 수 있었지 않나 싶어요." (동일, 54세)

사랑의 경험에 조금 익숙한 사람들은 정신적인 사랑을 지향할 때가 많이 있다. 특히 소통이 단절된 개인주의적인 현대 사회에서는, 유일하게 찾을 수 있는 확실한 소통의 수단이 바로 사랑이 된다. 한국의 밤문화에서도 스킨십만 난무하던 룸살롱 스타일은 퇴보하고, 마주보고 앉아 대화를 나누는 토킹바 스타일이 인기를 끌고 있다. 이제 사람들은 자신의 이야기를 고백하기를 욕망하고, 사회적인 담론들을 반복적으로 말함으로써 억압된 삶을 조금이나마 해소하며, 그 사이에서 일어나는 사소한 감정적인 접촉들을 즐기게 되었다. 하지만 이러한 일들은 이미 일상 속에서 너무나 쉽게 발생하던 것들이 아닌가. 어쩌면 그 모든 것들을 사랑이라 부르지 못하는 이유는 그저 사회적 위치를 안정화시키기 위함이며 더불어 상대와 나의 난처함을 방지하기 위함일지 모른다.

동일은 그것들의 다른 대안으로서 사랑의 음지화를 선택했다. 한마디로 몰래 바람 피우라는 말이다. 하지만 그것은 일종의 기만이다. 그것은 차라리 자신과 타인에 대한 기만을 인정해 버리는 일이다. 새로운 사랑이라는 것이 그 자체로 당당할 수는 없을까. 물론 시온, 아영, 승연을 거쳐 동일에 이르기까지 사람들은 조금씩 마음을 열어 가고 있다. 언젠가 아주 당당해지는 순간 문제가 발생할 것 같은 느낌도 든다. 그 느낌을 실현시켰던 사람이 있다. 사랑이 정신에 갇히지 않고 온몸으로 뻗어버린 사람이 있다. 육체로 사유하고 육체로 소통하고 육체로 감정을 주고받는 사람이 있다. 그것이 너무나 당당했던 탓에, 감금당했고 블랙리스트에 올랐으며 끝내는 정신질환으로 분류된 한 명의 소설가가 있다. 우리는 유사한 사례를 주위에서 모집하고자 했지만 찾아내지 못하여 그의 소설을 참고하기로 한다.

#5. "쾌락을 추구하는 것이 유일한 보편법칙이다"

여섯 명의 남녀가 한 밀실 안에 모여 있었다. 모두 어린 제니의 올바른(?) 성교육을 위해 모인 사람들이었다. 주인공인 제니로부터 시작해서 이 모임을 주도한 망세와 탕주, 탕주의 동생, 하인, 제니의 엄마까지 옹기종기 모여 함께 옷을 벗었다. 그들이 생각하는 올바른 성교육이란 서로 씹고 뜯고 맛보고 즐기는 일이었다. 가령 그들은 이전에도 종종 모여 서로의 몸을 채찍으로 때리며 법에 대해 사유했고, 줄줄이 기차처럼 동시에 교접하며 유신론에 대해 비판했다. 비역질, 근친상간, 채찍질, 배설물 섭취, 항문 성교 등이 오고 간다. 다른 사람들은 이를 난교라 부를지 모르지만 그들은 이를 철학이라 불렀다.

열다섯 살의 제니는 성에 대해 아직 고민해 본 경험이 없었기 때문에 궁금한 점이 많았다. 특히 제니는 결혼한 여성으로서의 삶에 대해 알고 싶었고, 기혼자인 탕주에게 조언을 요청하였다. 그런데 탕주는 제니가 예상치 못했던 대답을 내놓았다. 즉 끊어버려야 할 굴레들 가운데 가장 우선되어야 할 것은 바로 결혼 제도라는 것이다. 왜냐하면 결혼은 상대에 대한 복종의 약속을 하거나, 또는 약속을 어겨 불명예를 얻거나, 둘 중 하나의 삶을 살아가게 되기 때문이다. 그래서 탕주는 제니에게 결혼한 여성으로서 가질 수 있는 최선의 미래는 가능한 한 난잡해지는 것에 있다고 설명했다.

인류학자 그레고리 베이트슨Gregory Bateson은 다층적인 맥락 속에서 두 개의 메시지가 상충될 때 그때의 상황을 이중구속double bind이라 불렀다. 그리고 이 이중구속은 타자와의 관계를 고정적으로 통합시키지 못하고 자아를 다른 새로운 곳으로 도망치게 만든다. 가령 소설에 나오는 탕주의 주장에 따르면, 기혼 여성은 가부장적 권력 구조 아래에서 속박과 불명예라는 이중구속에 처한다. 즉 한 명의 남편 아래로 귀속되거나, 또는 그곳에서 벗어나다가 사회적으로 매장당하게 된다. 그래서 탕주는 제니에게 안정적인 가족 궤도로부터 도망치라고 조언한다. 그것이 억압받았던 여성성의 전적인 해방이기 때문이다.

"만일 어차피 의심 많은 남편이라면, 어떤 경우에도 태어난 아이가 자신의 아이라고 확신할 수 없어. 그래서 남편 외에 다른 남자들 열 명과 동시에 관계를 가진다 해도 괜찮지. 반대로 만일 의심 없고 관대한 남편이라면, 어떤 경우에도 상처를 받지 않을 거야. 오히려 내가 쾌락을 느낀다는 것에 기뻐할 것이지. 즉 행복이나 불행은 내가 아니라 남편의 마음에 달려 있는 일인 것이야." (사드, 『밀실에서나 하는 철학』 중에서)

탕주는 남편의 자유 또한 구속하려 해서는 안 된다고 가르쳤다. 왜냐하면 분별력 있고 관대한 기혼 여성이라면 마찬가지로 남편의 쾌락적인 바깥 생활에 대해 고통스러워하기보다는 기뻐할 것이기 때문이다. 심지어 그녀는 부부가 똑같이 방탕한 생활을 한다면, 그 가정에는 평화가 흘러넘치게 된다고 주장하기도 했다. 탕주로부터 많은 배움을 얻은 제니는 자신의 엄마에게도 해방을 주고자 하여 사람들로 하여금 엄마를 강간하도록 주도한다. 모여 있던 모든 사람들이 제니의 엄마를 강간하고, 마지막으로 매독에 걸린 하인이 그녀를 강간하자, 제니는 엄마의 성기를 꿰매고 모임의 끝을 맺는다.

"마님의 말씀이 제 폐부를 찌릅니다. 제 편견을 물리쳐 주셨어요. 게다가 엄마가 제게 심어준 그릇된 모든 원칙을 마님께서 파기해 버리셨어요. 정말이지 마님의 준칙은 흥미롭고도 참된 것이에요!" (사드, 『밀실에서나 하는 철학』 중에서)

사드는 흔히 가학적 성애의 창시자로 알려져 있다. 가학적 성애란 불쾌, 수치, 고통을 유발한 후 그것으로부터 사랑 또는 쾌락을 느끼는 것이다. 하지만 실제로 그가 가학하고자 했던 것은, 가부장적인 권력 제도 자체였다. 지금껏 가부장제는 보편적 규범으로 자리 잡아 여성의 성적 욕망을 제어해 왔다. 옛날 서구에서는 아내가 타인과 스킨십을 하지 못하도록 지름이 5미터 이상 되는 치마를 입혀놓았던 적이 있었고, 한국에도 넓은 집터의 한가운데에 있는 안방에다 아내를 넣어놓고 바깥 세계로부터 차단했던 역사가 있다. 반면 사람들은 남성의 바람에 대해서는 비교적 관대한 것으로 보인다. 여성이 바람을 피우면 걸레라는 비난을 듣지만, 남성이 바람을 피우면 능력으로 치부된다. 이를 비롯한 다양한 불균형들이 사드를 자극했고, 결국 그는 육체의 해방을 주장하기에 이른다. 쾌락을 추구하는 육체의 선천적 원리를 방해하지 말 것. 육체에 제약을 가하려 하는 권력에 대하여 끊임없이 저항할 것.

우리도 가끔씩 보편적 규범 또는 다양한 문화적 관습들이 우리의 행동반경을 제약하고 있다는 생각이 들 때가 있다. 직위가 높은 사람 앞에서는 고개를 뻣뻣이 들지 못하겠고, 브래지어를 착용하고 싶지 않아도 사람들이 비난하지 않을까 걱정이 앞선다. 우리는 어쩌면 누구나 마음속으로는 전적인 자유를 꿈꾸고 있는지도 모른다. 사드 소설의 주인공들은 그래서 당당하게 난교를 실천한다. 어떤 죄책감도 없이 서로의 몸을 탐닉한다. 이는 꽤나 자유로워 보인다. 하지만 이것을 자유 자체라고 부를 수 있을까. 자유란 단지 육체적 자유에 한정된 것일까. 과거와 미래를 고려하지 않고 오직 현재에 느껴지는 쾌락을 따라 살아간다면, 그것을 진정한 자유라고 부를 수 있을까. 진정한 자유를 찾고자 한다면, 쾌락이 부르는 대로만 따라가지 않을 수도 있는 능력 또한 중요하지 않을까.

#6. "이성은 자유를 이해하는데 감정은 그렇지 않아요"

사랑하는 사이에서 일어나는 크고 작은 말다툼들은 많은 경우 상대에 대한 구속을 성공적으로 수행하고자 할 때 발생한다. 음소거로 설정해 놓은 핸드폰, 아무도 모르는 사이 전송되는 셀카 사진, 그리고 새벽이 되어서야 돌아오면서 뿌리는 탈취제까지. 수많은 물건들이 사랑하는 사람의 마음을 괴롭게 만드는 상징물로 작용한다. 그리고 그것들은 단지 상징으로서가 아니라 실제 바람을 피우고 있는 상대를 붙잡는 증거물로 활용되기도 한다. 준오의 불륜 현장을 발각해 버린 미지의 이야기는 우리에게 약간의 웃음과 많은 깨달음을 동시에 제공할 것이다.

머리카락을 붙잡힌 채 끌려나온 새벽, 준오는 미지에게 이런 관계를 원한 적 없었다고 변명했다. 단지 술에서 깨자마자 다른 사람과 함께 있는 자신의 모습을 보았을 뿐이라고 말했다. 물론 미지는 그 하룻밤보다 도리어 그 하룻밤을 만들기까지 오고 갔을 수많은 친밀한 접촉들이 불쾌했다. 하지만 어떤 말을 하면서

화를 낼지 몰랐다. 너무나 화가 나서 말문 자체가 막힌 것이었는지, 아니면 감정을 정당화할 만한 합리적인 근거를 찾지 못했는지는 알 수 없었다. 생각하기도 싫었다. 「처용가」의 주인공처럼 춤이라도 추어야 하나 싶을 뿐이었다.

　몇 번의 실랑이 끝에 미지는 준오에게 헤어지자고 말했다. 그러자 큰 목소리로 변명을 내놓던 준오가 이내 비굴 모드로 태세를 전환했다. 미지의 팔을 붙잡고 이번의 실수를 용서해 달라고 빌기 시작했다. 미지는 쿨하지 못한 준오에게서 남은 정까지 떨어질 것 같아 먼저 뛰쳐나와 집으로 들어왔다. 눈물에 번져 버린 메이크업을 지웠다. 한 시간쯤 지났으려나. 거울을 보며 하염없이 울다가, 문득 배가 고파져 라면을 끓이기 시작했다.

　준오와 미지는 동거 중이었다. 미지가 생각하기에 준오는 좌절한 나머지 남은 돈을 들고 자신의 고향으로 내려갔을지도 몰랐다. 아니면 언제 이별을 이야기했냐는 듯 자연스럽게 집에 들어와 정적 속에서 눈 한번 마주치지 않고 컴퓨터를 켤지도 몰랐다. 전자라면 크게 문제될 것이 없지만, 후자라면 미지가 생얼로 라면을 먹는 모습은 뭔가 어울리지 않았다. 그보다는 펑펑 울다가 쓰러져 있는 것이 어울렸다. 하지만 눈보다 배가 더 울부짖는 걸 어찌하랴. 미지는 맛있게 라면을 먹었다.

　안타깝게도 준오는 집에 들어왔다. 언제 이별을 이야기했냐는 듯 자연스럽지는 않았고, 오히려 준오의 눈이 더 퉁퉁 부어 있었다. 라면을 먹다가 당황스러움에 빠져 면이 거꾸로 솟아오를 것만 같은 미지의 앞에 준오는 무릎을 꿇고 앉더니, 상처를 줘서 진심으로 미안하다고 말했다. 미지는 여기에서 조금 더 화를 내야 하는지, 용서를 하고 껴안아 줘야 하는지, 내 집에서 나가라고 아예 쫓아내야 하는지 결정하지 못해 멀뚱멀뚱 쳐다보기만 하였다. 준오는 퉁퉁 부은 눈 위에 또 눈물을 적시며, 작은 손에 쥔 노트를 미지에게 건네고는 다시 밖으로 나갔다.

반쯤 젖어 있는 노트 첫 장에는 이렇게 적혀 있었다. "너를 사랑하고 싶어." 지금까지는 사랑하지 못했단 말인가. 미지는 대체 이 글귀를 왜 보여주는지 이해할 수 없었다. 다음 장을 넘겨보니 거기에는 이렇게 적혀 있었다. "자유롭고 싶어." 지금까지는 자유롭지 못했단 말인가. 조금 자유롭지 못하게 만든 것은 있지만 그것은 연인이라면 당연하게 행사할 수 있는 권리가 아닌가. "나는 전적으로 너를 사랑하고 싶어. 그래서 내게 어떤 일이 있더라도 내가 그 일을 너에게 걸리지 않을까 긴장하지 않았으면 좋겠어. 지금까지는 너를 사랑한다는 이유 때문에 슬퍼해 왔고, 너를 사랑한다는 이유 때문에 싸워 왔어. 하지만 너는 내게 최고의 존재였으면 좋겠어. 네가 내게 불행을 주는 사람이 아니었으면 좋겠어."

　미지는 혼자서 노트의 내용을 곰곰이 곱씹어 보았다. 사실 요즘 들어 준오와의 관계에 문제가 있긴 했다. 너무 가까워지다 보니 준오에게 짜증도 쉽게 냈고, 밖에서 받은 스트레스를 준오에게 풀곤 했다. 하지만 나를 속인 것은 너무하잖아? 그러다가도 이성적으로 생각해 보면, 준오가 딱히 속인 것은 없었다. 다른 사람을 만나지 않겠다고 명시적으로 선언한 것은 아니었기 때문이다. 그저 미지는 그것을 연애의 당연한 그리고 보편적인 원칙이라고 생각했고, 그래서 혼자 그렇게 믿고 있었을 뿐이었다.

　또다시 이성적으로 생각해 보면, 아직 결혼도 하지 않은 상대에게 자유를 제약하는 일이 그렇게 정당한 일인지도 확신할 수 없었다. 하지만 상대의 어떤 삶도 개의치 않고 살 수 있을까. 미지의 감정은 그것을 허락하지 않았다. 다시 말해 미지의 이성은 자유를 충분히 이해하고 있는데, 감정으로는 받아들일 수 없는 것이었다. 상상만 해도 자신이 비참하게 버려지는 기분이 들었다. 그러다 다시 또 정신을 차리고 생각해 보면, 상대가 자유롭다고 해서 미지 자신이 필연적으로 버려지는 것은 결코 아니었다. 좌뇌와 우뇌가 끊임없는 토론을 벌이는 상황 속에서 미지는 너무나 정신적으로 힘들다고 생각했고, 자살하고 싶은 마음까지 들었다.

"사랑이라는 게 어디부터 어디까지 펼쳐질지도 모르고, 단
하나도 예측할 수 없잖아요. 그게 저를 힘들게 만들었던 것 같
아요. 그 불안을 견디기에는 차라리 죽는 게 낫다고 생각했었어
요." (미지, 30세)

심리학자 조너선 하이트Jonathan Haidt는 이성이란 감정이라
는 코끼리 위에 올라탄 기수에 불과하다고 설명한다. 사실 감정
이 거대한 힘을 가지고 움직이는 것뿐인데, 이성은 그것을 정당
화하는 역할만 하면서도 마치 자신이 감정보다 우위에 있는 것
처럼 착각한다는 것이다. 우리는 감정적으로 불편한 사건(가령
상대의 바람)이 있을 때 그것을 특정한 이성적 법칙(가령 속이는
일은 나쁜 것)으로 정당화하여 공격한다. 하지만 그 법칙은 정확
히 맞아떨어지는 법이 없다. 왜냐하면 법칙이라는 것이 결코 모
든 실제 사건들을 완벽하게 포괄할 수 없기 때문이다.

미지도 마찬가지였고, 그래서 괴로워했다. 왜냐하면 자신의
분노를 완벽하게 정당화할 근거를 찾지 못했기 때문이다. 백 퍼
센트의 자유를 상상하는 것은 누군가를 사랑하는 사람들에게
너무나 고통스러운 일이다. 누구도 오지 않는 골목에서 펼쳐지
는 랑데부와 비밀스럽기에 더욱 매혹적인 정사, 그리고 순간의
매혹에 사로잡혀 그 상대와 사랑에 빠져버리게 되는 애인의 모

습이 머릿속에 그려진다. 특히 밀애는 대부분 음지에서만 수행되는 점에서 성관계와 밀접한 관계를 맺을 수밖에 없기 때문에, 성적으로 보수적인 편에 속하는 우리 한국의 문화에서는 더욱 심각한 감정적 두려움의 대상이 된다. 그렇다면 두려움을 해소할 수 있는 방법은 없을까. 이것이 우리가 폴리아모리로 가는 여정의 마지막 과제가 될 것이다.

#7. "나는 폴리아모리가 아니야"

자유로운 사랑이 두려운 사람에게 두려움을 없애라고 강요할 수는 없다. 강요한다고 두려움이 사라지지도 않는다. 오히려 우리는 그들의 구체적인 삶과 구체적인 감정을 경청하고 존중해야만 한다. 대신 우리는 그들에게 모호하게만 그려졌던 두려운 대상이 명확히 무엇인지 직시할 수 있도록 도울 수 있다. 그 중 하나가 바로 '폴리아모리'라는 언어를 주는 것이다. 물론 한국에는 아직 폴리아모리가 많이 알려져 있지 않다. 그래서 처음 폴리아모리를 만나는 일은 낯설고 어려울지도 모른다. 하지만 서구에 한정되어 있긴 하더라도, 어쨌든 정체성을 지칭하는 언어가 존재한다는 것은 그것이 그 문화권 안에서 어느 정도 안정성을 보장받았다는 것을 의미한다. 폴리아모리를 처음 만나게 된다면 어떤 아우라를 느끼게 될까. 폴리아모리가 무엇인지도 모르는 채 폴리아모리를 사랑하게 된다면 어떤 상황들에 직면하게 될까. 아래에 펼쳐진 나희의 이야기를 들어본다면 이러한 궁금증을 어느 정도 해소할 수 있을 것이다.

　나희는 건우를 인정하지 못했다. 아니 인정할 수 없었다. 인정해서는 안 되었다. 나는 뭐지, 하는 자괴감이 들었다. 건우에게 용기 내어 고백을 했을 때 그에게 이미 애인이 있다는 이야기를 들었고, 그때 빨리 마음을 접었어야 했다. 하지만 건우는 변함없이 나희를 사랑한다고 말했고, 그 이후로도 꾸준히 나희에게 똑같은 태도로 대해 주었고, 그렇게 계절 하나가 흘러갔다. 메마른 땅 위에 눈이 내렸다. 언제부턴가 나희에게는 한 가닥의 희망이 생겼다. 즉 건우가 애인을 버리고 나희에게 올 것이라는 기대를 하기 시작한 것이다.

　건우의 애인 이름은 혜진이었다. 혜진은 나희와 같은 학과에서 공부했는데, 나희의 고백 이야기를 들어 알고 있을 테면서도 나희에게 너무도 따뜻하게 대해 주었다. 평소처럼 나희가 졸고 있으면, 가방 속에 숨겨두었던 쿠키를 몇 개 몰래 꺼내어 따뜻한 홍차와 함께 나희에게 건네주었다. 나희는 수업이 끝나고 혜진을 학교 앞 작은 카페로 불렀다. 이런저런 잡다한 수다를 떨다가 결국 본론으로 들어가 건우에 대한 자신의 감정을 혜진에게 표현했다. 나희는 혜진의 입장을 듣고 싶었다. 그런데 거기서 나희는 생소한 단어를 접하게 되었다. 폴리아모리.

혜진과 건우는 1년 전부터 폴리아모리 연애 관계를 유지해 왔다고 했다. 그것이 무슨 뜻인지는 정확히 몰랐지만, 적어도 다른 사람을 사랑하는 상황을 내버려둔다는 것은 확실해 보였다. 나희는 그것이 혜진과 건우가 덜(?) 사랑하기 때문이라고 생각했다. 그래서 나희로서는 마침 건우에게 다가가기 좋은 기회인 것 같다고도 생각이 들어서 기분이 살짝 좋기도 했다. 이야기를 마친 후 밤이 되어서야 집에 들어가 건우에게 전화를 걸었다. 언제나 건우는 나희가 잠들기 직전까지 나지막한 목소리로 통화를 해주었고, 그날도 마찬가지였다.

그렇게 두 달쯤 지났을까. 크리스마스이브에 나희는 건우와 오전에 만나기로 약속을 잡았다. 오후 아홉시부터는 혜진과 만나야 한다고 건우가 미리 말해 두었기 때문에, 가능한 한 일찍 만나는 것이 나희에게 유리했다. 나희는 건우와 만나 함께 옷가게를 전전하며 옷을 골랐다. 자신의 몸에 옷을 대보고 예쁘냐고 물어보았고, 건우는 크리스마스트리 꼭대기에 달린 별보다 밝은 미소를 지으며 나희를 꼭 안아주었다. 나희는 건우와 함께 커플룩을 맞춰 입고 옷가게에서 나왔다. 함께 벤치에 앉아 버스킹을 하는 밴드의 잔잔한 음악을 들었다. 나희는 그 전체적인 분위기에 심취해 건우의 차가운 볼에 뽀뽀를 해주었고, 건우는 미소로 답했다. 몇 초간의 침묵이 있은 후 건우가 입을 열었다. 결혼하자. 나희는 잘못 들은 것 같아 다시 물었다. 우리 결혼하자.

나희는 감동에 벅차올라 건우에게 키스 세례를 퍼부었다. 너무나 행복했다. 수많은 인파가 알록달록한 물결로 보였고, 바람에 굴러다니는 구겨진 비닐봉지들이 마치 꽃다발처럼 보였다. 나희는 고개를 격하게 끄덕였고, 둘은 결국 결혼을 약속했다. 이제 혜진의 자리를 자신이 차지하게 된다는 사실이 묘한 우월감을 자극하기도 했다. 그런데 행복도 잠시. 얼마 지나지 않아 아홉시가 가까워 왔고, 건우는 자연스럽게 다음 약속 장소로 떠났다. 나희는 조금 이상했다. 왠지 건우가 혜진에게 당장 이별을 고할 것 같지도 않았다. 언젠가는 혜진과 헤어지겠지. 결혼을 약속한 것이 거짓말은 아닐 테니까.

슬프게도 다음날 혜진의 상태 메시지를 훔쳐보니 건우와 찍은 사진과 함께 ‘우리 결혼해요’라고 적혀 있었다. 나희는 충격에 빠졌다. 목이 메어 전화를 할 수 없었기 때문에 긴 카톡을 보냈다. 건우는 거짓말한 적 없다고, 사랑한다고 짧게 답했다. 순간 나희는 멘탈이 폭발되고 붕괴되고 해체되는 기이한 경험을 했다. 건우는 혜진과도 결혼할 것이지만 나희와도 반드시 결혼할 것이라고 덧붙였다. 건우가 아직도 어릴 적 소꿉놀이에서 벗어나지 못한 것인가, 생각이 들었다. 하지만 건우는 진지해 보였다.

"건우는 정말 나쁜 사람 같았어요. 물론 지금도 그렇게 생각하지만요. (웃음) 차라리 바람둥이였으면 좋으련만. 건우가 사랑을 가볍게 생각하는 게 아니라는 사실이 저를 더 힘들게 했어요. 왜냐하면 건우의 그런 진지함 때문에 저도 건우를 놓칠 수 없었고, 그래서 끊임없는 애정과 고통의 연쇄고리에 빠져버리게 되었거든요." (나희, 24세)

다음날에도, 그 다음날에도, 건우는 여전히 나희가 보는 앞에서 혜진에게 친밀하게 대하였고, 서로 웃으며 대화를 나눴다. 그리고 동시에 혜진이 보는 앞에서 나희에게 달콤한 키스를 해주곤 했다. 이 이상한 관계에서 나희는 어떤 포지션을 잡아야 할지 몰랐다. 혜진과 싸워야 하나? 계속 친하게 지내야 하나? 아니면 나희도 혜진과 서로 사랑에 빠져야만 하는 걸까? 온갖 고민을 했다. 대체 폴리아모리가 뭐길래? 나는 폴리아모리가 싫다고, 나는 절대로 폴리아모리가 아니라고 단호하게 말하고 싶었지만, 그러기에는 폴리아모리에 대해 아는 바가 없었다. 그나마 SNS를 통해 주변에 폴리아모리를 주제로 한 강연이 있다는 사실을 알게 된 것이 전부였다.

특정 정당의 주최로, 가까운 대학교에서 폴리아모리 강연이 열렸다. 이 강연에 한번 찾아감으로써 도움을 얻게 된 것이 나희의 삶 전체를 바꿔놓았을 줄 누가 알았으랴. 나희는 그때 만난 강사와 친밀한 관계를 쌓으며 폴리아모리에 대해 조금씩 배워 나갔고, 심지어 지금은 나희 또한 폴리아모리가 되어 행복하게 살아가고 있다. (이 사건은 우리가 책을 집필한 계기가 되었다.) 그렇다면 대체 나희가 깨닫게 된 폴리아모리란 무엇인가. 다음 장에서 우리는 폴리아모리가 무엇인지, 혹은 구체적으로 어떤 관계들을 폴리아모리라고 부를 수 있는지 함께 살펴보기로 한다.

2장

폴리아모리란 무엇인가?

폴리아모리 개념보다 중요한 것은

∙ ∙ ∙ ∙

∙ ∙ ∙ ∙

∙ ∙ ∙ ∙

∙ ∙ ∙ ∙

1장을 통해 폴리아모리의 문턱에 서 있는 사람들의 이야기를 들었다. 폴리아모리로 향하는 순간들이 그렇게 멀고 낯선 것만은 아니라는 것을 다들 공감할 수 있었을 것이다. 그러나 낯선 사건과 감정들을 어떻게 받아들여야 할지 고민하는 그들에게는 그 상황을 적절하게 해석해 낼 개념들이 사회적으로 주어지지 않은 상태다. 타인과 결합하는 방식이라고는 모노가미 관계가 전부였던 그들은 익숙하지 않은 사랑의 순간에 대한 황당함, 혼란스러움, 죄의식, 분노의 정서들 속에서 배회하기만 하고 있다.

폴리아모리는 보통 다자 연애 정도의 개념으로 받아들여진다. 쉽게 설명하자면 그 말도 틀린 말은 아니겠지만, 고민을 계속 하다 보면 과연 그럴까 의문이 든다. 문턱을 서성이던 1장의 인물들의 고민들은 단순히 여러 사람과 연애하고 싶기 때문에 생긴 것이었을까? 여섯 번째로 소개되었던 준오가 남긴 "자유롭고 싶어"라는 메모를 기억해 보자. 폴리아모리적인 욕망이 향하는 것은 '여러 명'이라는 숫자가 아니라 사실 어떤 '자유로움'에 가깝다.

배타하기보다는 수용하고, 질투하기보다는 서로를 긍정하는 마음들을 중요하게 생각한다. 폴리아모리 개념들을 살피다 보면 폴리아모리들이 주장하는 사랑이 가볍기 때문에 자유로움을 주장하는 것이 아님을 알 수 있을 것이다. 폴리아모리들은 고유한 맥락들에서의 사랑을 누구보다 소중하게 생각하기 때문에 폴리아모리로서 살아간다.

우리는 결코 '이것이 진정한 폴리아모리이다'라고 규정하려 하는 것이 아니다. 다만 폴리아모리로서 살아가고 있는 사람들이 있고, 폴리아모리의 개념에 대해 이야기하고 있는 사람들이 있고, 폴리아모리 때문에 다양한 상황의 변화를 겪었던 사람들이 있다. 우리는 단지 그들의 이야기를 들려주고 싶은 것이다.

그래서 사실 2장의 제목을 다시 짓자면, 폴리아모리란 무엇인가가 아니라 어떤 삶을 살아가는 사람들이 본인을 "폴리아모리라고 부르나요"가 더 적절할 것이다. 2장에서 만나게 되는 개념들과 사례들을 읽으며 폴리아모리들을 간접적으로 경험하는 기쁜 만남을 가져보자.

#1. Poly-Amory

　1장에서 우리는 사랑의 여러 사례들을 살펴보았다. 어떤 사랑은 우리에게 익숙하기도 하겠지만, 어떤 사랑은 낯설거나 때로는 불쾌하기도 할 것이다. 누군가는 어린 시절 자그마한 편지 위에 눈물을 떨어뜨렸던 기억을 떠올리며 투박한 목소리로 화를 낼지도 모른다. 그저 이기적이고 비윤리적인 행위를 정당화하는 이론이라는 비난들이 벌써부터 들려오는 것 같다. 대부분의 사람들은 자신의 연애 상대자나 배우자가 다른 사람을 사랑하는 것을 받아들일 준비가 되어 있지 못하기 때문일 것이다. 폴리아모리에 대한 부정적인 시각은 SNS만 보아도 쉽게 드러난다. 애인이나 배우자가 있음에도 다른 사람을 사랑한 유명인들을 향하여, 네티즌들은 쉽게 욕설과 저주를 퍼붓는다. "질라버려야 한다", "죽여도 싸다" 등등 다양한 비난들이 그 댓글을 읽는 폴리아모리들의 가슴을 아프게 만들곤 한다.

누군가는 폴리아모리라는 말을 듣고 서로의 배우자를 바꿔서 섹스하는 스와핑이나 집단적인 난교를 떠올리기도 한다. 앞서 사드 후작이 그려냈던 소설 속 이미지들이 뇌리를 스쳐 지나간다. "속박하지 마라. 함께 똑같이 방탕한 생활을 하면 가정에는 평화가 넘치리라." 물론 이는 완전히 틀린 상상은 아닐 것이다. 많은 폴리아모리들이 자유로운 섹스를 주장한 것은 사실이니까 말이다. 그렇다고 자유로운 섹스 자체가 곧 폴리아모리라고 할 수 있을까? 앞서 살펴보았듯 사랑이란 성적 관계만이 아니라, 정서적 관계, 법적 관계 그리고 여타의 수많은 양상들까지 모두 포괄하기 때문에, 이는 다소 협소한 상상이라고 보아도 좋을 것이다.

폴리아모리에 대한 오해는 상당히 넓게 퍼져 있는 것으로 보인다. 왜 당신들은 정상적인 연애나 결혼을 거부하고 '굳이' 폴리아모리로 사는 것입니까. 배우자에 대한 불만족? 더 많거나 더 나은 번식을 위한 욕구? 권력을 가지려는 욕심? 우리는 대답한다. 그런 이유일 수도 있다고. 하지만 단지 그런 이유만은 아니라고. 수많은 폴리아모리들은 각기 다른 이유를 가지고 있고, 한 명의 폴리아모리도 수많은 이유를 가지고 있으며, 그 이유들도 시시각각 변화한다. 폴리아모리로서 살고 싶게 되는 계기들은 결코 단순하지가 않다. 많은 사람들의 감수성에 닿지 못하기 때문에 담론에 유통되는 편견과 오해들은 다층적인 폴리아모리의 삶을 납작한 쿠키처럼 만들어 버린다. 따라서 다양한 비판들은 여전히 납작한 쿠키에 대한 비판이지 폴리아모리의 구체적 양상들에 대한 정확한 비판이 되지 못한다.

　그렇다면 우리는 적어도 폴리아모리를 비판하기 위해서라도, 폴리아모리에 대한 정확한 이해를 거쳐야 할 것이다. 이 장에서 우리는 폴리아모리라는 개념이 무엇인지, 그리고 그 폴리아모리의 구체적 범주들은 어떻게 이루어져 있는지 살펴보기로 한다. 대체 폴리아모리란 무엇일까. 우선 국내에서 폴리아모리는 '비독점적 다자 연애'로 사전, 언론, 위키 등을 통해 소개되어 왔다. 본인을 폴리아모리라고 정체화하는 사람들 또한 대부분 그러한 정의를 쉽게 받아들였고, 그 정의 자체에 대한 엄밀한 사유를 전개하지는 않아 왔던 것으로 보인다. 우리는 폴리아모리 강연을 통해 이러한 현실을 비판했고, 보다 명확한 개념을 이해하기 위한 전략을 구사했다.

　폴리아모리를 설명하기 위해서 우선은 결혼 제도에 관한 다양한 언어들을 미리 정리해 둘 필요가 있다. 대한민국은 남자 한 명과 여자 한 명이 부부의 연을 맺는 일부일처제를 채택하는 나라이다. 이러한 문화에 대하여, 학자들은 유일함을 의미하는 Mono와 결혼 제도를 의미하는 Gamy를 합성하여 모노가미

Monogamy라고 지칭한다. 누군가는 모노가미가 인류에게 가장 보편적인 제도라고 생각할지도 모르겠다. 하지만 모노가미는 사실 굉장히 특수한 결혼 제도이다. 모노가미는 20% 이하의 문화권에서 나타나는 결혼 제도이고, 대다수는 일부다처제 형태를 취하고 있다. 이때 일부다처제는 폴리지니Polygyny라고 부른다. Poly는 여럿을 의미하고 Gyny는 여성을 의미하는데, 쉽게 말해 한 남성이 여러 명의 여성과 결혼한다는 뜻이다. 반대로 일처다부제는 남성을 의미하는 Andro를 붙여 폴리안드리Polyandry라고 부른다. 폴리안드리는 분명 존재는 하지만 그 수는 극히 미미하다고 알려져 있다. 여기서 잠깐 언급하자면, 폴리지니 문화권이든 폴리안드리 문화권이든 간에, 실제로 반드시 여럿의 사람들이 결혼해야만 한다는 규칙은 없다. Poly 개념은 실제적 다수성이 아니라 가능적 다수성이기 때문이다. 즉 Non-Mono, '유일하지만은 않음', 쉽게 말해 '여럿이어도 좋음'에 가까운 것이다.

나아가 남성과 여성을 각각 한 명 이상 포함하여 총 3인 이상이 결혼할 수 있을 경우 우리는 이를 집단혼Group Marriage이라고 부른다. 그리고 폴리지니, 폴리안드리, 집단혼 등이 통용되는 문화를 통틀어 폴리가미Polygamy라 부른다. 폴리가미는 법적으로 인정되어 왔던 다자간 결혼인 셈인데, 그렇기에 그것이

법적인 한에서 권력의 문제, 관리의 문제, 처벌의 문제 등이 개입할 수밖에 없다. 그리고 이미 알아챘을지도 모르지만 현존하는 폴리가미 내에서도 성별에 대한 고려는 필수적인 것처럼 보인다.

이렇게 규범적인 영역 아래에서만 가능해 보였던 다자간 사랑이 누구나 할 수 있는 것으로 확장될지 누가 알았으랴. 1990년, 미국의 소설가 오베론 젤Oberon Zell Ravenheart은 여느 예술인들과 마찬가지로 자유로운 삶을 노래하고 있었다. 그는 사랑 또한 억압으로부터 해방되어야 한다고 생각했기 때문에, 그러한 사랑의 구체적인 모습은 어떨지 상상했고, 거기에 폴리아모리polyamory라는 이름을 붙이게 되었다. 폴리아모리는 여럿을 의미하는 접두사 Poly와 사랑을 의미하는 명사 Amory가 합성되어 만들어진 단어이다. Poly가 그리스어 어근이고 Amory가 라틴어 어근이기 때문에 모순된다는 가벼운 농담도 있다. 물론 라틴어 Multi를 사용하여 멀티아모리Multiamory라고 부를 수도 있겠지만, 영어권에서는 폴리아모리라는 단어가 꽤나 안정적으로 정착되었기 때문에 우리 또한 폴리아모리라는 개념을 사용하기로 한다.

폴리아모리는 한국에서 비독점적 다자 연애로 번역된다. 이러한 번역은 어떻게 등장한 것일까? 어근의 쓰임에 대하여 조금 더 살펴보자. Poly는 분자가 중합하여 생기는 화합물을 의미하는 Polymer, 대공황 시절 미국 대기업들이 다수의 지역을 독점했던 모습을 모방한 보드게임 Monopoly 등에서 볼 수 있다. 즉 폴리는 다중, 여럿, 전체 등의 뜻으로 풀이될 수 있고 이것을 다자라고 번역하는 것은 합리적인 것으로 보인다. 한편 Amory 는 운명애를 뜻하는 Amor Fati, 가볍고 신선한 사랑을 가사에 담은 자우림의 노래 「Carnival Amour」 등에서 볼 수 있다. 즉 아모리는 사랑을 뜻하는 라틴어 Amor에 명사형 어미 y를 붙여 만든 단어라고 이해할 수 있다. 사랑이라는 번역어를 사용한다면 더 좋겠지만, Amor가 주로 낭만적인 연애 감정으로 그려질 때가 많다는 점에서 이를 연애라고 번역하는 것도 나쁘지 않은 듯하다.

요컨대 Polyamory를 직역하면 '여럿을 사랑함'이 될 것이고, 이를 쉽게 '다자 연애'로 번역할 수 있겠다. 그런데 우리가 주목해야 하는 것은 한국에서 폴리아모리가 다자 연애 정도로 번역된 것이 아니라 '비독점적' 다자 연애로 번역되었다는 점이다. 어떤 근거로 일종의 의역이 된 것인지에 대한 의문은 논외로 치더라도, 일단 우리는 폴리아모리에 있어서 비독점성은 핵심적인 요소라는 사실을 기억해 둘 필요가 있다. 왜냐하면 폴리아모리는 개념 자체로 단순히 사람들의 '숫자'와 관련되어 있는 것처럼 느껴질지 모르지만, 사실 그것이 '비독점적'이게 되는, 즉 독점에 반대하게 되는 순간 특정 부류의 신념, 태도, 가치관, 정서 등을 대표하고 있는 개념임이 드러나기 때문이다.

#2. 비독점성: Non-mono

"[저와 세현이는] 서로 정말 정말 사랑해요. 단지 소유하지 않겠다는 거예요. 다른 사람이랑 사귀든 섹스를 하든 무슨 상관이에요. 말을 하고 싶으면 하는 거고 하기 싫으면 하지 않는 거죠. 사랑하는 데 규칙이 따로 있는 게 아니잖아요. 저는 사람들을 전혀 이해할 수 없어요. 여태까지 세 명이나 만났는데도 우린 아주 행복하게 잘 만나고 있거든요. 만약 세현이가 다른 사람과 만난 이후로 헤어지게 된다면, 그것은 서로를 더 이상 사랑하지 않기 때문일 것이지, 세현이가 다른 사람을 만났다는 사실 때문은 아닐 거예요." (민식, 23세)

민식은 세현과 연애하는 중에도 꾸준히 이태원에 놀러 다니며 만난 사람들과 스킨십을 즐겼고, 두 명이나 더 사귀어 봤던 경험이 있다고 했다. 하지만 다른 두 명도 민식의 폴리아모리로서의 삶을 알고 있었고, 시간적으로든 체력적으로든 지혜롭게 안배하며 세 명과 연애했기 때문에 별다른 관계적인 문제가 일어나지 않았다고 했다. 민식은 세 명을 만날 때 각각의 고유한 매력과 장점으로부터 행복을 느꼈다. 물론 시간이 지나고 나머지 두 명과는 질리거나 성격 차이로 헤어졌지만 세현과의 관계에 큰 영향을 끼치진 못했다.

"우리 둘이 지금 실제로 사랑한다는 사실이 중요한 거예요. 지금 상상하기엔 좀 슬프지만, 설령 새로운 만남들 때문에 민식이가 저를 사랑하지 않게 되어서 떠나버린다고 해도 어쩔 수 없다고 생각해요. 사실 우리는 딱 그 정도까지 사랑한다는 거니까요. 그런 사실이 드러날까 봐 두려워서 상대방을 억지로 붙잡고 있는 게 더 이상하잖아요." (세현, 23세)

'비독점적'이라는 말은 특정한 타인 혹은 타인들을 나만의 소유물로서 바라보려 하지 않는 태도를 의미한다. 세현은 민식이 아닌 어떤 사람과도 연애를 해본 적 없지만, 비독점적인 마음가짐에 의해 자신을 폴리아모리라고 부른다. 독점적 관계를 지양한다고 해서, 폴리아모리들은 반드시 불특정 다수를 받아들일 수 있다고 보아서는 안 되는 것이다. 가령 어떤 폴리아모리들은 세현과 같이 애인이 한 명이거나 아예 애인이 없기도 하고, 어떤 폴리아모리들은 특정 조건을 가진 사람들에게만 사랑을 느끼기도 하며, 어떤 폴리아모리들은 닫힌 집단 안에서 그 집단 내 특정한 사람들에게만 비독점적 사랑을 실천하고 집단을 넘어서면 거부하는 경우도 있다. 사랑의 사례들을 파고 들어가 보면 경우의 수가 너무나 다양하기 때문에 영미권에서는 폴리아모리를 '모노가미가 아닌 관계들Nonmonogamy'로 폭넓게 정의내리기도 한다.

　결국 폴리아모리의 비독점성이란 사랑하는 관계를 이룰 때 상대의 자유로운 사랑을 존중하려고 하는 성격을 의미하며, 이는 다자 연애에만 초점이 맞춰졌던 기존의 폴리아모리 이해에 대한 반론이 될 수 있다. 폴리아모리라는 것이 반드시 '여럿'과 파트너십을 맺고 있어야 하는 의무는 없다는 점에서, 지금까지의 논의로 볼 때 폴리아모리에 더 적합한 번역은 '비독점적 사랑'인 것으로 보인다.

#3. 컴퍼션: Compersion

많은 사람들은 자신이 사랑하는 대상이 다른 연애 관계나 성애 관계를 통해서 행복함을 얻으려고 할 때 대개의 경우 질투를 느낀다. 그러고는 이 질투 자체로 상처를 받거나, 아니면 상대가 자신을 떠나갈지 모른다는 두려움에 빠져 불안해한다. 이것이 독점적 사랑, 즉 모노아모리의 전형적인 모습이다. 그렇다면 비독점적 연애란 어떤 모습일까? 그리고 그것은 어떻게 가능할까? 다음과 같은 상황들을 상상해 보자.

(1) 한 아버지가 아이의 동요대회 출전을 응원하기 위해 플래카드를 들고 찾아갔다. 아이는 동요를 멋지게 불렀고, 심사 결과 은상을 받게 되었다. 아이는 상패를 들어올리며 아버지를 향해 해맑게 웃었다. 기뻐하는 아이를 보며 아버지는 '어떤 감정'을 느꼈다.

(2) 유명한 연예인 부부가 있었다. 둘은 십 년째 아주 달달한

가정을 꾸리는 것으로 소문이 자자했다. 그들의 팬들은 텔레비전을 통해 그들이 오붓하게 살아가는 모습을 보게 될 때마다 따스한 '어떤 감정'을 느끼게 되었다.

(3) 한 학생이 하수구에 빠져서 울고 있는 강아지 한 마리를 꺼내어 경찰서로 데리고 갔다. 한 시간가량 기다리자 헐레벌떡 달려온 한 노인이 강아지를 끌어안고 눈물을 흘렸다. 이때 강아지가 행복하게 노인의 얼굴을 핥는 모습이 학생에게 '어떤 감정'으로 다가왔다.

위와 같은 사례들에서 '어떤 감정'이란 무엇일까. 아버지는 아이에 대해서 자신이 타지 못한 상에 대해 질투를 느끼지 않았다. 팬들은 연예인 부부의 알콩달콩한 모습을 보며 질투를 느끼지 않았다. 학생은 자신이 구한 강아지가 자신이 아닌 노인에게 안긴다는 이유로 질투를 느끼지 않았다. 도리어 그들은 기쁨을 느꼈다. 우리도 그럴 때가 있지 않던가. 타자가 기뻐하는 모습을 볼 때 자신에게도 발생하는 긍정적인 감정, 이것을 심리학자 A.M.파인스Ayala Malach Pines는 컴퍼션이라 부른다. 컴퍼션은 공동성이라는 의미를 가진 com과 인격화라는 의미를 포함하는 person의 합성어이다. 즉 그 타자와 공동의 입장, 관점이 되어 생각한다는 것이다. 컴퍼션은 내가 직접 타자가 된 것만 같은 느낌이며, 질투 개념과 대비되면서 긍정적인 감정만을 지칭하는 데 사용된다. 그렇다면 이런 감정이 연애에 활용된다면 어떻게 될까.

1971년 샌프란시스코에서 운영되었던 폴리아모리 공동체 케리스타Kerista에서는 이러한 컴퍼션 개념을 차용하여 유토피아의 삶을 구성했다. 그들은 사랑하는 사람들끼리 모여 살면서 서로 사랑하는 일 자체가 모두의 행복이 되는 곳을 꿈꿨다. 그것은 우리가 태어날 때부터 수동적으로 물려받는 불가피한 가족이 아닌, 능동적으로 선택한 새로운 가족이었다.

"그 사람이 뭔가를 하고 싶어할 때에는, 그걸 하게 해주면 돼요. 그 사람이 기쁘기를 원하니까요. 그 사람이 기뻐하는 모습을 싫어한다면 그걸 진정한 사랑이라 할 수 있나요. 당연하잖아요. 모두 다른 사람인데. 한 명 한 명 주는 만족이 다르니까, 다른 사람에게서 다른 만족을 느끼고 싶을 수도 있죠. 다만 저를 생각해 주는 마음을 느낄 수 있기만 한다면, 그 정도면 저는 충분히 좋아요." (32세, 수인)

수인은 스스로 독점적 연애를 거부한다고 주장하는 사람들 중 하나이다. 수인은 자신에 대한 사랑이 느껴지는 한에서, 배우자의 무한한 사랑들을 존중하며 억압하지 않는다고 말한다.

수인의 배우자를 둘러싼 수많은 애인들은 배우자를 뺏어가는 사람들이 아니라, 배우자에게 행복을 주는 사람들이다. 행복해진 배우자는 집에 돌아오자마자 수인을 위한 최고의 말벗, 그리고 딸을 위한 최고의 놀이 친구가 되어준다. 그리고 그런 배우자를 바라보면 수인 또한 행복해진다.

사람들은 수인의 사랑을 수동적이고 헌신적인 사랑이라고만 생각하고 상대방을 사랑하기 위해서 자기희생을 하는 것 아니냐는 의심을 내비치기도 한다. 그러나 수인에게 필요한 것은 서로의 사랑이지 의존이 아니다. 배우자가 누구와 어디서 어떤 관계를 가지든 간에, 그 시간 동안 수인도 자신만의 시간을 가진다. 간혹 수인이 너무나 만나고 싶은데도 불구하고 배우자가 다른 데이트 약속 때문에 만나지 못하게 될 때면, 수인은 그것을 그저 배우자의 다른 일정이라고 생각한다. 즉 야근이나 출장과 비슷한 배우자를 위한 그 자신만의 업무이기 때문에 수인은 도리어 그것을 응원해 주는 편이다. 따라서 수인은 배우자의 행복도 자신의 행복으로 누리는, 오히려 가장 이기적인 사랑을 하고 있다고 반박한다.

물론 수인도 언제나 배우자의 외부 사정을 탐탁하게 여기는 것은 아니다. 외부 관계가 배우자에게 악영향을 미치는 경우에는 관계를 조율할 것을 요구하기도 한다. 한번은 수인의 배우자가 한 애인에게 스토킹을 당하고 계속 전화가 오는 등 지속적인 괴롭힘을 당하기도 했다. 다행히 배우자는 수인에게 이 사실과 그에 대한 자신의 감정을 솔직하게 털어놓았고, 둘은 많은 대화를 거쳐 그 관계를 정리하는 데에 이르렀다. 한마디로 배우자의 다른 애인이 배우자를 행복하게 한다면 찬성하지만, 불행하게 한다면 극구 반대한다는 것이 수인의 입장이다.

이처럼 폴리아모리 커뮤니티에서 컴퍼션은, 주로 사랑하는 사람이 자신 이외의 사람에게서 연애적이거나 성애적인 관계를 통해 행복을 느낄 때 자신 또한 행복을 느끼는 그 감정을 지칭한다. 급격한 근대화 이후 국내에는 개인주의가 팽배해지고 이기심과 경쟁심이 활발해졌으며 그로부터 질투가 보편적 감정으로 자리잡았다. 그 속에서 상호 호혜적인 공동체의 원동력을 논한다는 것은 어쩌면 정치적 역량을 담지하지 못한 이상적인 이야기로 들릴지도 모른다. 하지만 컴퍼션의 사랑이란 겨울에 볼 빨간 아이들이 굴리는 눈뭉치와 같아서, 사랑하면 사랑할수록 한없이 커져만 간다. 사랑은 전염성이 강한 바이러스이다. 내가 사랑하는 사람의 행복이 나의 행복이 될 때 사랑은 공동체를 전체적으로 풍성해지는 흐름으로 만들어줄 것이기 때문이다. 따라서 폴리아모리들은 이런 컴퍼션의 원리를 보다 넓게 확산시키는 것을 정치적 목표로 삼기도 한다.

#4. 비독점성과 진지한 사랑의 문제

"제가 처음 사귀었던 사람은 '독점하려는 마음이 없는 것은 진지한 사랑이 아니다'라고 주장하고는, 온갖 욕을 하면서 이별을 통보했어요." (선우, 24세)

폴리아모리들은 다음과 같은 말들을 접하기 쉽다:

(1) 조언. "그건 진짜 사랑이 아니야. 나중에 진짜 사랑이 나타나면 너도 마음을 바꾸게 될 거야."

(2) 불만. "당신에게서 애정이 느껴지지 않아요."

(3) 비난. "사랑을 가볍게 생각하는 바람둥이가 자신을 정당화하고 있다."

그렇다. '진지함serious'의 문제는 폴리아모리의 비독점성과 결코 뗄래야 뗄 수 없는 비판의 근거가 된다. 그래서 우리는 비독점성과 관련하여 반드시 이 문제를 짚고 넘어갈 필요가 있다.

진지함. 그것은 참되고 착실하게 마음을 쓰는 태도를 일컫는다. 그러나 과연 보편적인 진지함이 그 자체로 가능한 것이기는 할까? 진지함은 생각해 보면 상당히 허구적인 개념이다. 왜냐하면 우리의 모든 심적 상태는 우리가 직접적으로 만들어내는 것이 아니라 언어적 배치, 사회적 배치, 물리적 배치에 영향을 받아 만들어지는 것이기 때문이다. 우리가 생각하는 자신의 고정불변한 마음이란 착각이고, 그저 타자와 관계할 때마다 변화하는 겉모습들만이 실제로 존재한다. 이렇듯 진지함이라는 관념이 허구적인 것이라면, 그럼에도 사람들은 왜 그렇게들 진지하고자 하는가. 인간이 진지함에 중요성을 두게 된 기원은 대체 어디서부터 출발하는가.

프랑스의 정신분석학자 라캉Jacques Lacan은 이것이 어릴 적 유아들이 거울을 보면서 형성한 이미지 때문이라고 설명한다. 그리고 이를 '상상적 자아'라 부른다. 독자적으로 존재하는 나의 마음이라는 것은 본래 없고 사실은 타자가 만들어놓은 구조에 의해 사고하면서도, 마치 그런 것이 있고 또 자유롭게 사고할 수 있는 것처럼 착각한다는 것이다. 이러한 개념에 따르면 우리는 남들의 기준과 규범에 맞추어 '진지한 사랑'에 대해 상상하고 있는 것이다.

적어도 폴리아모리의 문제에서 사람들이 진지함을 이야기하고 또 요구하는 근본적인 심정은, 자신을 사랑해 주는 사람이 자신을 존중해 주기를 원하기 때문일지도 모른다. 그렇다면 생각해 보자. 비독점성은 그 자체로 상대의 관계망들을 전적으로 긍정하는 일이다. 그리고 그렇기에 이것은 상대를 온전한 주체로서 존중하는 태도이다. 비독점성은 파트너와 트러블을 일으키지 않는 좋은 방법일 수 있으며, 따라서 이것은 파트너를 자신의 인생에서 결코 이별하고 싶지 않을 정도의 중요한 존재로 대하겠다는 태도의 표현일 수 있다.

만일 연애 중인 상대방의 새로운 사랑에 의해 당신의 권리가 침해받는다고 생각한다면 당신은 연애 상대자를 소유물로 생각하고 있는 것일지도 모른다. 빼앗길 수 없는 나의 것. 그러나 과연 인간이 누군가의 소유물일 수 있는가. 자본주의 구조는 타인이나 사물을 수치화될 수 있는 노동력 또는 명확히 의미화 가능한 상품으로 환원하기 때문에 자신의 소유물이 될 수 있다고 본다. 하지만 그것은 사랑에 대입될 때 풍요로운 유연성을 마비시키고 강박과 히스테리를 촉발할 뿐이다. 폴리아모리들이 해방되고 싶어하는 구속감의 정체는 바로 그 신경증적 관계 속에 존재한다.

요컨대 폴리아모리는, 누군가에게는 진지할 수도 있고 누군가에게는 진지하지 않을 수도 있다. 다만 폴리아모리의 중요한 측면 중 하나는, 진지함이란 무엇인가에 대하여 우리 나름대로 규정하고 있었던 상상적인 고정관념들을 부수는 데에 있는 것이다. 그리고 특히 그 규정이 소유의 관념과 결부되어 타인을 억압하는 신경증적 관계로 이루어질 때, 이를 타인을 해방시키는 전체적 사랑의 관계로 전환시킬 수 있다.

#5. **전체적 사랑**

우리는 흔히 누군가를 사랑할 때, '그 사람 자체'를 사랑한다고 막연하게 생각할 때가 있다. 상대방의 '전체'를 사랑한다고 간주한다는 것이다. 그러나 독점적 연애라는 것은 언제나 '나만 사랑해 주는 그 사람에 대한 사랑'이라는 것에 주목해야 한다. '나만 사랑해 주는 그 사람'에 대한 사랑은 '나만을 사랑하지는 않는 그 사람에 대한 사랑'을 함축하지 않는다. 즉 그 사람에게 가능한 일부분을 부정하는 사유인 것이다. 따라서 만일 당신이 독점적인 사랑을 지향하는 경우에는 언제나 "그대의 전체가 아닌 부분을 사랑해."라고 표현해야만 할 것이다. 당신에게 묻겠다. 당신은 당신이 사랑하는 사람 자체를 사랑하고자 하는가 혹은 그 사람의 일부분만을 사랑하고자 하는가.

많은 사람들은 사랑하는 사람이 현재 보여주고 있는 좋은 모습을 꾸준히 고정적으로 보여주기를 바라고, 그 사람이 현재 둘 간의 만족스러운 관계를 유지해 주거나 발전시켜 주기를 믿는다. 그러나 존재라는 것은 결코 믿는 대로 이루어지는 것이 아니다. 아주 오래전 그리스의 소피스트였던 헤라클레이토스가 주장했듯이, 모든 존재는 언제나 끊임없이 변화하기 때문이다. 싸움은 거기에서 시작된다. 끊임없이 변화하는 타인을 자신이 원하는 바에 따라 재단하고 억압하려 할 때, 싸움이 발생한다. 왜냐하면 자신이 타인에게 뒤집어 씌우려는 욕망과 타인이 자율적으로 가지는 욕망이 때때로 충돌하기 때문이다.

독일의 철학자 프리드리히 니체Friedlich Nietzsche는 그러한 욕망들의 충돌 자체는 자연스러운 일이라고 보았지만, 반면에 창조적이고 자율적인 타인의 욕망을 긍정하지 못하고 억압하려 하는 것을 노예 근성이라며 비꼬았다. 그렇다면 우리가 노예 근성을 버리고 "당신 자체를 사랑해."라고 말할 수 있기 위해서는 컴퍼션의 태도를 지니는 것이 도움이 될 것이다. 이때 컴퍼션의 태도란 그 사랑하는 사람의 모든 변화, 차이, 특이성들을 긍정하는 일이 된다. 상대의 부분이 아닌 전체를 사랑하는 사람은 결코 상대의 보다 나은 모습을 상정하고는 지금의 모습이 그것보다 못하다고 규정하지 않는다. 또한 변화하는 상대 자체를 온전히 긍정하는 사람은 둘 간의 변하지 않는 조화로움을 요구하지도 않는다.

#6. 되기로서의 컴퍼션

컴퍼션은 단순히 두 개인의 공감이라는 차원을 넘어서 '되기becoming'가 이루어지는 순간이다. 프랑스의 철학자 질 들뢰즈Gilles Deleuze와 펠릭스 가타리Felix Guattari에 따르면, 사랑이란 '너'와 '나'라는 개념 없이 그저 차이 나는 것들끼리 뒤섞이며 서로가 서로를 향해 '되어가는' 사건이다. 된다는 것은 별개의 주체들 사이의 만남이 아니라 어떤 구분도 없이 펼쳐진 긍정의 순간 자체이다. 마치 나는 나의 모든 관계망을 긍정하는 것처럼, 타자가 된다는 것은 그 타자의 모든 관계망을 긍정하는 일이다. 폴리아모리, 그래서 이것은 새로운 차원의 '주체성subjectivity'의 탄생이다.

그렇다면 구체적 상황 속에서 우리는 이러한 되기의 주체성을 어떻게 실천할 수 있을까. 애인에게 새로운 사람이 생겼다고 가정하고, 아래의 대화 상황을 고려해 보자.

애인: "나, 다른 애인 생겼어."

대답1 : "나는 당신의 전부를 사랑해. 그래서 다른 애인을 가진 당신을 여전히 사랑해."

→ 우리가 진정 상대의 전체를 사랑할 경우, 상대에게 다른 애인이 생겼다는 이야기를 들었을 때 우리는 '다른 애인이 생긴 상대'를 충분히 긍정할 수 있어야 한다. 상대가 다른 애인이 생겼다고 해도 결코 그것이 싸우거나 이별할 이유가 되지는 않는다는 것을 명심해야 한다.

대답2 : "당신이 다른 사람을 만나서 행복해하는 모습을 보는 것이 나는 너무나 행복해."

→ 우리는 상대의 전체 모습에 대한 인정과 긍정을 넘어서, 도리어 컴퍼션을 통하여 공감대까지도 형성할 수도 있을 것이다. 공감대를 형성할 경우 상대는 마음을 열 것이기 때문에, 서로간의 보다 많은 소통으로 확장될 수 있다.

대답3 : "당신을 행복하게 만들어주는 그 사람을 나도 사랑하게 되었어."

→ 우리는 심지어 상대에 대한 긍정과 공감을 넘어서 철학적 차원에서의 '되기'로 나아갈 수도 있는 것이다. 이것은 결코 노

예 근성과 같이 수동적인 모습이 아닌, 도리어 적극적인 주체성을 발현하는 사랑의 모습이다. 이때 우리는 마치 사랑의 신 에로스의 경지에 올랐다 해도 과언이 아닐 것이다.

#7. 다중 파트너 관계: Multi Partner Relationship

우리가 비독점적 사랑을 인정할 수 있다면, 그런 한에서 다자에 대한 만남 역시 문제가 되지 않을 것이다. 그러나 '다자 연애'라는 이름의 관계를 보존하는 것이 옳은지는 검토해 볼 필요가 있다. 연애라는 말은 어쩌면 사랑을 명목적이고, 가시적이며, 형식적인 것으로 제한할 수도 있기 때문이다. 어떤 폴리아모리들은 연애라고 할 만한 관계를 아예 갖지 않음으로써 삶을 꾸려 나가기도 한다. 그들은 여러 섹스 파트너나 데이트 파트너 또는 썸 정도의 느낌을 즐길 수 있는 사람들을 둔다. 주로 멀티 파트너십Multi partnership이나 멀티 메이팅Multi mating이라고 불리는데, 이것만 봐도 폴리아모리의 유형이 굉장히 다양하다는 것을 알 수 있다.

이러한 다중적인 파트너 관계는 옷 입는 일에 비유할 수 있다. 바람 부는 봄날에 빨간 옷이 어울리겠다 싶으면 우리는 옷장에서 빨간 옷을 꺼내 입는다. 그런데 홍대 거리를 걷다가 문득 옷가게에 걸려 있는 검은 옷이 예뻐 보인다면, 그것을 사서

입으면 된다. 이때 우리가 검은 옷을 예쁘다고 말했다 해서, 빨간 옷이 별로라고 생각하는 것은 아니다. 빨간 옷에는 빨간 매력이 있고 검은 옷에는 검은 매력이 있을 뿐이다. 사람도 마찬가지다. 우리는 주변에서 드물지 않게 동시에 두 명 이상에게 심장이 두근거려 본 경험을 했다는 이야기를 들을 수 있다. 그리고 그 이야기는 보통 한 명을 선택하고 다른 한 명을 포기했다는 말로 귀결된다. 이는 마치 검은 옷이 예쁘게 느껴졌다고 해서 빨간 옷을 버리는 일과 같다. 대체 누가 그렇게 비약적인 관념을 주입하고 세뇌시켰던 것인가.

사람은 누구나 차이를 가진다. 모두가 각기 다른 매력을 발산하고 다른 의미를 전달하고 다른 정서를 유발시킨다. 그렇기 때문에 매력, 의미, 정서가 다양한 사람들과 연애하는 것은 어찌 보면 당연한 일이다. 하지만 우리는 연애를 시작할 때 마치 상대를 나만의 소유물로 보듯이, 나 자신 또한 타인만의 소유물로 보는 경향이 있다. 다중적 파트너 관계는 사랑에 대한 편협한 이해를 뛰어넘어야만 형성할 수 있는 관계망이다. 나는 무엇이든 사랑할 권리가 있으며, 그 사랑에 대한 어떤 규제적인 논리나 관념도 제시될 수 없다. 왜 우리는 우리 자신을 새장에 가두려 했던 것인가. 아니, 왜 우리는 우리 자신을 새장에 가둠으로써 스스로를 정상적인 '새'로 만들어내려 했던 것인가.

#8. 너무나 많이 사랑한 죄

우리는 연약한 인간으로서, 명백한 죄를 짓지 않더라도 그저 문화가 새겨놓은 구조들에 거슬리는 행동을 할 경우 부끄러움이나 죄책감을 느끼는 존재이다. 그래서 선정성 작가의 웹툰 『독신으로 살겠다』에서 주인공인 형민은 폴리아모리의 규칙 중 하나로 "죄책감이 생기면 너를 지운다."를 제시한다. 상대의 마음에 상처를 입히지는 않을까 하는 죄책감이 부당하다는 것임을 알고, 그것을 잊고 행동하겠다는 것이다.

프랑스의 철학자 푸코Michel Foucault는 이를 판옵티콘 건축 모델에 비유한다. 죄수들이 각 방마다 들어가서 지내고 있고, 각 방의 창문 너머에는 언제나 중앙감시탑이 보인다. 중앙감시탑의 내부에 누가 있는지는 보이지 않기 때문에, 실제로 중앙감시탑에 아무도 들어 있지 않는다 하더라도 죄수들은 자신들이 끝없이 감시받는다고 느낀다. 때문에 죄수들은 자신의 욕망들을 제어하고 억압된 행동들만을 하며, 거슬릴 만한 일을 저지를 경우 죄책감을 가지게 된다. "정신이 육체의 감옥"이 되어 스스로를 감시하는 것이다. SNS를 중심으로 한 현대의 서로를 물고 뜯는 사회적 시스템은 사람들로 하여금 '적정선'을 지키게 만든다. 모난 돌은 정 맞으니까. 우리는 교육받는다. 다수에게 비난받지 않을 수 있는 정도로만 행동할 것.

그런 점에서 다중 파트너 관계는 조금 더 윤리적인 비난을 받기 쉬운 위치에 놓여 있는 것 같다. 요즘 많은 사람들은, 상대에게 마음의 상처를 주는 일은 하지 말아야 한다고 주장한다. 그리고 이를 '가해'와 '피해'라는 개념으로 놓고 처벌하려 한다. 하지만 이는 잘못된 비판이다. 그 이유는 다음의 예를 생각해 보면 쉽다: 내가 솥뚜껑을 들고 있었더니 한 사람이 마음에 상처를 입었다고 가정하자. 하지만 나의 솥뚜껑에 대하여, 자라를 보고 놀란 가슴을 가진 누군가는 이에 대해 불쾌해할 수도 있지만, 시력이 낮은 누군가는 무시할 수도 있으며, 창조적인 누군가는 막대기를 가져와 연주를 시작할 수도 있다. 상대의 반응은 언제 어디서나 누구에게나 적용되는 보편적 법칙이 아니라, 그저 확률적 결과이다. 즉 필연적인 상처를 주고 받는 것이 아니라, 그저 특정한 수용자가 특정한 사건을 상처를 받을 수 있는 의미로 '해석'한 것일 뿐이다. 우리는 상처 자체만으로는 윤리적 법칙을 적용할 수 없다. 왜냐하면 법칙이란 필연성 또는 보편성을 그 근거로 하기 때문이다.

　폴리아모리는 때때로 상처를 준다. 하지만 상처는 해석이지 그 자체로 폭력은 아니다. 어떤 행위이든 상처의 가능성이 있고, 동시에 어떤 행위이든 상처받지 않을 가능성이 있다. 상처는 절대적인 것도 필연적인 것도 아니다. 도리어 사랑에 상처받지 않는 탈권력적인 사회를 만들기 위하여, 우리는 더욱더 열심히 사랑해야 할 것이다. 그러므로 우리는 누군가를 격분시킬 수 있는excitable 우리의 사랑을 새롭게-인용할 수 있는ex-citable 긍정적 에너지로 전환시켜야 한다. 비정상적으로 많이 사랑했다며 스스로 죄책감을 가지는 것이 아니라, 도리어 이것을 창조적 사건들의 출발점으로 해석할 수 있는 잠재성을 열어두어야 한다. 즉 다중적 관계를 가질 때에만 깨달을 수 있는 수많은 삶의 내용들을 경험하고, 배우고, 미래의 나침반으로 삼으며 서로의 관계를 끊임없이 업그레이드해 나가면 되는 것이다.

#9. 폴리아모리는 문어발이 아니다

이쯤에서 다시 유의해야 할 것은 '하나여야만 한다mono'에 저항하는 개념으로서 'poly'-amory가 등장하였다는 사실이다. 즉 다자라는 표현은 '여럿이어야 함'을 의미하는 것이 아니라, '하나여야만 하지 않음'을 의미하는 것이다. 쉽게 말하면 자신을 모든 가능성에 개방하는 상태, 문화적 시선에 자신을 억압시키지 않고 스스로의 욕망 자체를 긍정하는 상태를 의미하는 것이다.

그러니까 오직 연인이 두 명 이상이어야만 폴리아모리가 될 수 있는 것은 아닌 셈이다. 현재 연인이 오직 한 명이면서도 폴리아모리일 수 있고, 현재 연애를 전혀 하지 않고 있으면서도 폴리아모리일 수 있다. 폴리아모리는 자신과 상대에게 절대적인 사랑의 권리를 주겠다는 마음가짐 자체이다. 폴리아모리는 그렇게 대단한 일은 아니지만 엄청난 것이다. 서로를 억압하지 않고 관계망의 가능성을 전적으로 열어놓겠다는 태도이기 때문이다. 따라서 누군가 여러 사람을 끼고 놀기 위하여 폴리아모리를 선언한다면 그것은 꽤나 어리석은 일이다. 폴리아모리의 삶에서 중요한 건 사랑의 해방이지 만나는 사람의 숫자가 아니다.

태양의 「나만 바라봐」라는 노래 가사를 보면 "나는 바람 펴도 너는 절대 피지 마."라는 말이 나온다. 실제로 최근 들어 이런 식의 폴리아모리로 살아가기를 원하는 사람들이 조금씩 늘어나고 있는 추세이다. 전세대에 비해 꽤나 많은 젊은이들이 폴리아모리라는 유형이 나쁘지 않은 사랑의 방식임을 인정하고 있으며, 자신들도 그렇게 살아갈 수 있을 것이라고 생각한다. 다양한 매체들을 통한 성의 공론화, 예술의 유행에 뒤따른 자유인에 대한 갈망 등이 이러한 현상에 한몫을 한 것으로 보인다.

그러나 과연 그들이 폴리아모리로서 안정적으로 살아갈 수 있을지 묻는다면, 우리의 대답은 회의적이다. 왜냐하면 그들은 다자 연애에 집중하지, 비독점성에는 집중하지 않기 때문이다. 즉 사람들은 자신의 자유는 얻고 싶어하고 또 그것이 틀리지 않음을 이해하더라도, 동시에 자신이 원하고 바라는 사람의 자유에는 질투가 생기는 심리적 경향이 있는 것으로 보인다. 단언컨대, 문어발이 곧 폴리아모리인 것은 아니다. 정확히 말하자면, 모든 문어발이 폴리아모리로서 정체화한 것도 아니며, 모든 폴리아모리가 문어발처럼 살고 있는 것도 아니다. 왜냐하면 문어

발이란 자신이 관리하고 있는 다수의 상대들을 모두 자신만이
독점하고자 하는 의지를 지닌 다자연애자를 지칭하기 때문이
다. 달리 말하면 그들 중 일부는 그저 '여러 사람을 소유하려는
모노아모리'에 불과할지도 모른다.

#10. **비이**: Vee

저는 어릴 적부터 한 사람과만 가까이 지내는 것을 어려워했어요. 어릴 적부터 애인 이외의 다른 사람들에게도 계속 호의를 베푸는 습관이 있었어요. 그러다 보면 저에게 호감이 생긴 사람들은 결국 제게 고백을 했죠. 그래서 한번은 제가 기존의 애인에게 양해를 구하고 두 사람을 사귀게 되었어요. 같은 반에서 두 명을 사귀었던 거라서 학교 내에서도 너무나 유명해졌고, 얼마 지나지 않아 수많은 악담들이 떠돌게 되어 왕따를 당했죠. (미소, 23세)

국내에서는 거의 대부분의 폴리아모리들이 미소와 같이 혼자서 두 명을 사귀는 형태의 관계를 구성하고 있다. 이때 각 파트너들은 폴리아모리일 수도 있지만 모노아모리일 가능성도 높다. 미소 또한 두 명의 애인이 모노아모리였다고 진술했다. 이렇게 한 명이 두 명의 애인들을 V자 형태로 관계하는 형태를 비이 vee라고 부른다.

비이의 단점은 두 명의 애인들끼리 서로 질투를 느끼거나 사이가 좋지 않을 확률이 높다는 것이다. 따라서 V자의 꼭짓점을 담당하는 폴리아모리는 가능하다면 두 명의 애인들끼리 서로 적대하지 않고 친밀한 관계를 형성할 수 있을 상황들을 마련해주는 것이 좋겠다. 뿐만 아니라 두 명의 애인들에게 또한 새로운 사람들을 사랑할 수 있는 가능성을 열어주는 것도 도움이 될 것이다. 앞에서 언급했듯 폴리아모리는 문어발이 아니기 때문에, 상대 연인들의 사랑을 제한하지 않는 것이 일반적이다.

비이는 폴리아모리와 모노아모리의 만남에 대해서 우리가 상상할 수 있는 가장 쉬운 이미지이다. 물론 폴리아모리들끼리의 비이 관계도 존재하겠지만, 폴리아모리와 모노아모리끼리 만들어낸 비이 관계는 가장 이야기도 많고 악소문도 많으며 비난, 질투, 싸움도 많이 발생한다. 왜냐하면 이러한 관계는 모노아모리를 지향하는 입장에서 보면 너무나 고통스러운 일이기 때문이다. 영화 「아내가 결혼했다」에서 김주혁의 좌절과 분노를 떠올려보라. 안타깝게도 비이 관계를 유지하던 모노아모리들은 많은 경우 고통이 일정 수준에 다다르면 결국 포기하고 자신과 유사한 다른 모노아모리를 찾아 떠나곤 한다.

#11. **트라이어드**: Triad

존은 미국에 거주하고 있는 한국인이다. 그는 백인 여성인 제인, 그리고 흑인 남성인 프레드와 함께 살고 있다. 제인은 어떤 날에는 존과 성행위를 하고 어떤 날에는 프레드와 성행위를 했다. 그러던 어느 날, 존이 자고 있는 동안 프레드와 제인이 성관계를 하고 있었다. 소리에 잠이 깬 존은 방문을 열다가 그들의 성관계 사실을 알았고, 이내 다시 문을 닫았다. 그때 존의 머릿속에는 약간의 복잡한 감정들이 떠돌아다녔다. 존은 다음날 제인과 프레드에게 이러한 정황과 자신의 불편함을 솔직하게 고백하였다. 이 말을 이해해 준 제인과 프레드는 셋이 함께 참여할 때에만 성행위를 하기로 규칙을 세웠다. 그날 이후, 이제 밤이 되면 제인의 양쪽 가슴에는 두 개의 입술이 매달려 있었다. 존은 소외되고 있다는 느낌이 해소되자 더 이상 부정적인 감정이 들지 않았고, 셋의 하모니를 충분히 즐길 수 있게 되었다. 그러던 도중 존은 프레드가 없으면 오히려 자신의 성행위가 완성

될 수 없겠다는 생각을 했다. 존은 프레드의 탄탄한 몸을 만졌고 사랑하게 되었다. 프레드 역시 존의 사랑에 응답했고, 그들은 완전한 삼각형이 되었다.

이러한 형태의 관계를 트라이어드라 부른다. 트라이어드triad란 세 명의 사람들이 서로 사랑하며 삼각형triangle의 관계도를 그리게 되는 파트너십을 의미한다. 존과 같이 비이 관계를 지속하다 보니 트라이어드로 전환되는 경우도 있고, 먼저 있었던 일대일 커플에 한 명이 포함되어 만들어지는 경우도 있으며, 혹은 우연한 계기로 셋이 동시에 사랑에 빠지는 경우도 있다.

트라이어드의 특징은 대부분의 경우에서 성적 소수성이 반드시 포함된다는 것이다. 한 명의 중심적 연인을 두고 살아가는 비이의 경우에는, 두 개의 이성애로 이루어진 것일 수도 있다. 그러나 앞서 존과 프레드가 동성애를 받아들인 것처럼, 모두가 모두를 사랑할 경우에는 성적 소수성이 각별한 쟁점이 된다. 동성애가 아니더라도 두 개의 성을 개의치 않고 사랑하는 양성애bi-sexual, 성별과 무관하게 상대를 사랑하는 범성애pan-sexual 또한 가능하다. 이러한 쟁점이 해소되지 않는다면 폴리아모리 공동체 내에서 질투 문제나 자녀 문제가 발생했을 때 이성애적 편향성의 개입으로 인해 관계가 무너질 가능성이 높다. 말하자면 트라이어드 혹은 그 이상의 형태에서는 높은 확률로 성소수자에 대한 문제와 밀접한 관련을 맺고 있다고 해도 과언이 아니다.

인간의 성은 너무나 다양하다. 남성도 있고, 여성도 있고, 제3의 성인 논바이너리도 있고, 간성도 있고, 중성도 있고, 무성도 있고, 성이 유동적으로 흘러다니는 젠더플루이드도 있고, 성을 설명할 수 없는 젠더퀴어도 있고, 성이 세 개나 네 개 이상이라고 느끼는 사람들도 있고, 성을 의도적으로 바꾸어 연기하는 사람들도 있다. 심지어는 같은 남성이라고 해도 성기의 모양이나 호르몬의 양이 다르고, 같은 여성이라고 해도 2차 성징 이전의 여성과 2차 성징 이후의 여성이 다르다. 어제 나의 성은 오늘 나의 성과 다르고 오늘 나의 성은 내일 나의 성과 다르다.

철학자 들뢰즈는 위와 같은 성적 지평에서의 무한한 다양성을 'n개의 성'이라 부른다. 우리가 도착증이라 부르며 배제하려는 존재들까지도, 깊이 생각해 보면 그들도 단지 각자가 사랑하는 것을 사랑할 뿐이다. 자연적으로는 모두가 n개의 성이겠지만, 동시에 문화적으로 고정적인 성별 정체성과 이성애중심주의를 주입받았다는 사실을 무시할 수 없다. 그러므로 폴리아모리라는 사랑의 형태를 고찰하는 우리 또한 두 차원을 모두 고려할 수밖에 없을 것이다. 정리하자면 트라이어드는 세 명이서 이루는 폴리아모리의 한 형태로서, 우리의 섹슈얼리티에 대한 수많은 실존적 고민을 던져주는, 쉽게 지나칠 수 없는 중요한 안건이 된다.

#12. 쿼드: quad

"저는 경계선 인격장애를 가지고 있어요. 그래서 저와 가까운 사람들을 단 한 사람도 잃어버리기 싫어요. 떠나버린 사람들을 생각하면 자해를 하고 싶어져요. 저는 사랑을 가볍게 여겨서 폴리아모리인 것이 아니라, 너무나 무겁게 여겨서, 어떤 한 사람도 놓치기 싫어서, 그래서 폴리아모리예요." (수지, 21세)

수지의 집에는 총 네 명의 사람들이 거주하고 있다. 명확하게 누가 누구를 사랑한다고 규정할 수는 없지만, 적어도 사랑하지 않는다고 생각하지는 않는다. 수지는 자신이 가까웠던 사람들과 멀어지는 것을 불안해하기 때문에 함께 거주하는 방식을 택했다고 설명했다. 수지와 같이 총 네 명이 함께 만든 폴리아모리 공동체를 쿼드라고 부른다. 사실 쿼드가 안정적으로 성립되기도 너무나 어려운 것이 현실이기 때문에, 쿼드보다 훨씬 복잡한 5명, 6명, 또는 그 이상의 공동체에 붙는 특별한 명칭은 아직 없으며, 통칭해서 몰섬Moresome이라 부르기도 한다.

쿼드quad는 네 명의 사람들이 서로 사랑하는 연인 관계를 의미한다. 쿼드의 대표적인 형태는 다음과 같다. (1) 한 명의 꼭짓점을 중심으로 세 명이 그를 사랑하는 경우, (2) 각각 사귀어 오던 두 커플이 한데 모여 살아가면서 다른 커플을 서로의 가족으로 여기는 경우, (3) 하나의 비이 공동체가 있을 때 외부의 다른 누군가가 그 비이들 중 두 명과 관계를 가짐으로써 결과적으로 두 개의 비이가 겹쳐지는 경우, (4) 극히 희박하지만 넷 모두가 넷 모두를 사랑하는 경우.

여하튼 이러한 형태들로부터 얻어낼 수 있는 핵심은, 쿼드에는 4라는 숫자로부터 '균형의 미학'이 존재한다는 것이다. 두 커플의 만남도, 두 비이의 만남도, 모두의 사랑도, 다른 수의 공동체들에 비해 불균형하기 어려우며 꽤나 안정적으로 보인다. 균형 이론balance theory에 따르면 모든 공동체는 호불호의 비율이 균형을 이룰 때 안정된다. 비이는 두 애인이 싸울 경우 한 명의 편을 들면서 다른 한 명을 소외시켜야 하는 반면, 쿼드는 나머지 한 명이 있기 때문에 소외가 발생하지 않고 중재가 가능하다. 때문에 쿼드는 공동체가 해체될 가능성이 낮으며 그렇게 된다 하더라도 상처를 덜 받는 경향이 있다. 해체 후에도 자신과 함께 해주는 사람이 하나 이상은 존재하기 때문이다. 이는 우리가 폴리아모리 공동체를 시도해 볼 때 참고하면 좋다.

#13. **폴리피델리티:** Polyfidelity

폴리아모리의 연애가 어느 정도 무르익고 안정이 되어 하나의 가정, 하나의 거주 공간, 또는 그에 버금가는 집단의 형식을 띠게 되면, 우리는 그것을 폴리피델리티라 부른다. 풀어 설명하자면 폴리피델리티는 대개의 경우 3명 이상의 사람들이 모여 하나 이상의 공동 배우자를 두거나, 또는 모두가 모두에 대하여 배우자 역할이 되어, 일반적인 부부처럼 성관계를 할 수 있고 법적 절차나 합의 절차에 의해 재산을 공유하며 자식을 함께 양육하는 등 다양한 역할 기대 사항들을 수행하는 집단을 일컫는다.

폴리피델리티의 특징은 그것이 '폐쇄적 공동체'라는 것이다. 폴리피델리티는 논모노가미 형태로 살아가는 폴리아모리 공동체로서 집단적 폐쇄성을 갖는다. 폴리피델리티는 공동 재산, 공동 육아, 공동 주거 등 공동으로 하는 일들이 많아서 역사적으로는 공산주의자들이나 종교인들이 시도하기도 했었다. 폴리피델리티 구성원들은 그 안에서의 사랑만으로도 충분히 행복해서, 공동체 외부의 또 다른 사랑에 별로 관심을 가지지 않으며, 혹은 심지어 규칙을 통해 다른 사랑을 불허하는 경우도 있다. 만일 구성원들이 공동체 외부의 또 다른 사랑에 별로 관심을 가지지 않는 경우라면 크게 문제될 것은 없겠지만, 그것을 불허하는 경우라면 문제가 되며 이는 싸움이나 공동체의 해체로 번지기도 한다.

어찌 되었든 폴리피델리티는 기존의 고정된 가족 제도에서 탈피하고자 하는 사람들에게 마음의 안식처가 될 수 있는 영토이다. 국내는 드물지만 세계 곳곳에는 수많은 폴리피델리티가 있고, 거처할 곳을 잃은 사람들은 그러한 공동체에 찾아가 안정된 삶을 꾸릴 수 있다. 그러다가 마음에 들지 않으면 다른 공동체를 찾아 떠나면 된다. 한 곳에만 고착되어 동일한 삶을 반복하는 것이 아니라, 끝없이 새로운 영토를 찾아 횡단하는 것, 이것은 불안정한 현대인을 위한 삶의 지혜가 아닐까. 해외에서 폴리피델리티를 실제로 구성해 본 경험이 있는 비비는 다음과 같이 첨언했다.

"저는 제 자신을 공동체 플래너라고 불러요. 경제적 문제와 양육의 문제가 가장 우리에게 스트레스를 많이 주는 사항이라서, 이 부분에서 가끔 충돌이 있을 수도 있어요. 하지만 완전한 평정 상태를 꿈꾸는 것이 비현실적인 것 같아요. 가진 것들 안에서 충돌도 하면서 이런저런 것들을 꾸려나가면서 소소한 즐거움을 얻으면 되는 거예요. 어떤 답도 섣부르게 내리지 않고 그 수많은 충돌들에 대해서 계속 소란스럽게 논쟁하며 나아가는 것, 그것이 최고의 공동체 플랜이에요." (비비, 35세)

#ps. 폴리아모리와 관련된 개념들의 한계

그러니까 폴리아모리를 한 단어로 정리하자면, '사랑 자체'이다. 사랑하라. 그리고 자연적으로 발생하는 사랑에 대하여 가해지는 부당한 제한들에 개의치 마라. 나아가 그렇게 사회적으로 주어져 있는 제한들을 조금씩 허물어뜨리기 위해서라도 자신의 욕망을 포기하지 마라. 자그마한 사랑이 나비효과처럼 번져 관계망 전체의 따뜻함을 만들어낸다. 왜냐하면 사랑은 자연적인 것이기 때문이다.

몇몇 폴리아모리들은 자신들을 변호하기 위해 다음과 같이 말한다. "폴리아모리도 모노아모리처럼 선택할 수 있는 일입니다. 모노아모리만이 올바른 선택지인 것은 아닙니다." 하지만 우리는 다음과 같이 지적한다. 폴리아모리는 선택의 문제가 아니다. 폴리아모리, 즉 제한 없는 사랑은 그 자체로 자연적인 것이다. 단지 자연 위에 모노아모리 중심적인 문명이 구축된 것이다. 즉 우리는 폴리아모리를 '선택'하는 것이 아니라, 오직 모노아모리만이 의식적인 선택의 문제인 것이다. 쉽게 말하자면 모노아모리란, 우리가 한 사람만 사랑하기로 '선택'한, 그런 폴리아모리이다.

폴리아모리와 모노아모리가 절대적으로 구분되는 것은 아니다. 모노아모리도 언제든지 새로운 사람에 의해 가슴이 두근거릴 수 있다. 다만 우리는 문화가 구축해 놓은 사유구조에 따라 자동적 사고에 빠지기 쉽기 때문에, 굳이 개념을 구분하여 비판하는 것은 중요하다. '자동적 사고'란 A라는 사건과 마주쳤을 때 다양한 가능성들을 배제하고 반드시 B의 의미로만 이해하게 되는 사고이다. 예를 들어 많은 사람들은 어떤 사람을 사랑하는 일과 마주쳤을 때, 기존의 관습을 따라 '나는 이 사람만 사랑하는 거야'라고 자동적으로 이해하고는 그 이상의 해석의 여지를 닫아버린다. 이에 반해 정신분석학자 가타리는 A라는 사건으로부터 다양한 B, C, D……의 의미들을 만나는 것이 정신적 해방에 중요하다고 주장한다. 이를 '자율적 사고'라 부른다. 우리가 진정으로 건강한 삶을 살아가기 위해서는 문화로부터 결정된 것처럼 간주되는 단일한 맥락 속에서 의미를 이해하는 것이 아니라, 자신만의 특이한 맥락들을 긍정하고 그 다양한 의미들을 모두 고려할 수 있는 여유와 아량이 요구되는 것이다.

사실 아직까지 존재하는 폴리아모리와 관련된 개념들은 한없이 빈약한 실정이다. 여기에서 소개하는 공동체만 해도 4인까지의 공동체에 불과하다. 하지만 이렇게 유한한 개념들의 배치를 잘 살펴볼 때 우리는 5인 이상의 공동체, 6인 이상의 공동체, 혹은 인간을 넘어선 공동체 등 수많은 양상들을 상상해볼 수 있다. 그렇게 되면 우리는 이 개념들 안에서 무한한 공동체의 배치agencement를 상상할 수 있다. 만일 당신이 폴리아모리라면, 상상하라. 당신이 어떤 배치 속에서 가장 행복할 수 있을 것인지, 끊임없이 상상하고, 실천하고, 구성하라. 그렇다면 우리는 어떤 근거에 의해 이러한 배치 구성의 가능성을 획득하는가. 다음 장에서 살펴보기로 하자.

3장

사랑한다면 스피노자처럼

사랑에 관한 질문들

•　•　•　•

•　•　•　•

•　•　•　•

•　•　•　•

　폴리아모리를 얘기하면서 우리는 사실 제일 중요한 질문을 비껴 나가고 있었다. 바로 사랑에 대한 질문이다. 여러 사람을 사랑할 수 있다면서도 도대체 사랑이 무엇인지, 그 사랑한다는 일이 도대체 어떻게 구성되고 작동하는 것인지에 대해서는 깊이 논하지 않았던 것이다. 그래서 3장에서 우리는 사랑에 대하여 특별한 관점을 설파했던 철학자 스피노자를 중심으로 사랑에 대해 이리저리 수다를 떨어볼까 한다.

　우리에게 사랑이란 무엇일까? 우리는 앞서 진정한 사랑에 대해서 이야기하면서 이런 질문들을 들은 바 있다. "사랑이란 한 사람에게 꽂혀서 몰입하고, 설레고, 가끔은 가슴 아프기도 한 것이 아니던가. 그런데 한 사람이 아니라 여러 사람에게 호감의 감정을 느낀다면 그것은 사랑이 아니지 않는가?" 진정한 사랑이란 한 사람만 바라보게 되는 특별한 경험이다. 그러나 정말 그런가? 생명에게 사랑이라는 것이 단지 둘이 해바라기처럼 바라보는 연애만을 의미하는가. 스피노자는 단호하게 이런 관점을 뒤집고 사랑의 경험을 더 확장시킨다.

3장 초반에서는 이러한 스피노자의 이야기를 본격적으로 듣기 전에 폴리아모리에 대한 두 가지 흥미로운 반대 의견을 들어보려고 한다. 첫 번째는, 폴리아모리는 도덕적으로 타락한 형태라는 주장이다. 가령 어떤 교회들에서는 동성애 다음으로 반대해야 할 대상으로 폴리아모리를 꼽는다. 그리고 더 중심적으로 살펴볼 두 번째는, 폴리아모리는 불가능하다는 주장이다. 헬렌 피셔라는 문화인류학자는 폴리아모리를 이루어지지 못할 인간의 욕심일 뿐이라고 주장한다. 우리는 이런 주장들을 꼼꼼히 살피면서도, 이 두 가지 주장들이 사랑을 얼마나 편협하고 가끔은 왜곡하여 이해하고 있는지를 이야기해 볼 생각이다.

이 3장은 실제로 나희라는 어떤 인물과 함께 이런저런 잡담한 결과물을 기록해 놓은 것이다. 스피노자, 들뢰즈, 가타리, 프루스트 등의 인물들과 함께 나희와 우리는 사랑이란 자유로운 별자리 그리기라는 주장을 내놓는다. 사랑에 대한 더 풍부한 사유를 위한 여정을 함께 즐길 수 있다면 좋겠다.

#1. 폴리아모리의 본질?

　폴리아모리를 주제로 두 시간가량의 강연이 끝나자, 나희가 우리에게 다가왔다. 나희는 자신에게도 여러 사람들을 자유롭게 사랑하고자 하는 마음이 있었다는 사실을 깨닫게 되었다고 고백했다. 만일 나희가 폴리아모리로 살아갈 수만 있다면, 그것은 삶을 풍요로워지게 만들 수 있을뿐더러, 건우가 보여준 조금은 이상한 사랑까지도 함께 일궈 나갈 수 있을 것이다.

　하지만 친구들에게 고민을 털어놓아 보노라면, 그들에게서 돌아온 대답들은 나희의 고요한 물 위에 조약돌을 던지며 파문을 일으킬 뿐이었다. "폴리아모리가 나쁜 건 아니야. 하지만 너는 찰나의 욕망 때문에 착각하고 있는 거야. 폴리아모리는 원래 선천적으로 그런 걸 원하는 마음으로 태어난 사람들이 하는 거야. 근데 나희 너는 예전부터 질투가 많았잖아?" 실제로 나희는 지금까지 우리가 생각하는 모노아모리의 정석 코스만을 밟고 자라온 사람이었다. 나희는 일부일처라는 말을 특별하게 생각해 본 적은 없었지만, 그것을 너무나 당연한 전제로 삼고서 살고 있었다. 하지만 우리에게는 두 가지 의문이 든다. 첫째, 태어날 때부터 '원래' 폴리아모리인 특정 부류의 사람들이 존재하는가? 반대로, 태어날 때부터 '원래' 모노아모리인 사람은 있는가? 한국인은 태어날 때부터 원래 김치를 좋아하는가? 둘째, 원래 그런대로 살아가지 않으면 기만 또는 착각인가? 어릴 때 김치만을 좋아하다가도 나중에 햄버거를 맛있다고 느낀다면 기만 또는 착각인가?

나희는 커밍아웃을 위해 어떻게 폴리아모리를 이해하는 것이 좋은 방법인지 물었다. 우리는 다음과 같이 답해 주었다. 즉, 어떤 선천적인 정체성 또는 본질이 따로 있다고 생각하는 것, 그것은 소수자들 스스로를 힘들게 할 뿐이다. 우리가 가질 수 있는 모든 특성들과 지향들은 어떤 관점에서 보면 선천적일 수도 있고 또 다른 관점에서 보면 후천적일 수도 있다. 그것뿐이다. 폴리아모리에는 본질이 없다. 한 사람도 어떤 측면에서는 폴리아모리로 향할 수도 있고, 다른 측면에서는 폴리아모리에서 멀어질 수도 있다. 쉽게 말해 엎치락뒤치락 변화하고 있는 과정 중인 것이다. 자연은 원래 그런 것이다.

#2. 사랑을 회개하세요

나희는 사랑이 무엇인지 알고 싶어했다. 자신이 폴리아모리라는 개념을 어떻게 이해하고 있고, 그것을 얼마나 잘 전달했는가와 무관하게 한결같이 다음과 같은 이야기를 들었기 때문이다. "만약 정말로 상대를 향해 사랑에 빠졌다면 다른 사람에게 눈을 돌릴 여유조차 생기지 않는다. 상대가 나만 바라보게 하고 싶고, 집착하게 되고, 어느 정도 상대를 구속하게끔 된다. 상대가 나 아닌 다른 사람을 사랑하는 데 끔찍한 질투가 들지 않는다는 건, 그것은 사랑이 아닌 것이다."

흔히 '사랑에 빠졌다'고 표현하게 되는 순간이 있다. 사랑에 빠지면, 의지와는 별개로 그 사람 외에 다른 것들이 보이거나 생각나지 않는다. 많은 사람들은 이렇게 생각한다. 한 사람을 보고 생각하기에도 너무나 바쁘고 머리가 아픈데, 그런 노력을 여럿에게 동시에 들인다는 것이 인간으로서 가능한 소리인가. 수많은 드라마의 서사에서 등장하는 것처럼, 아무래도 사랑은 둘 간의 로맨스가 가장 익숙해 보인다. 여기서 제3자가 등장하면 언제나 그 관계는 평화의 파괴와 불안정으로 치달을 뿐이다. 결국 드라마의 결론은 다시 평화를 얻기 위해 삼자 관계를 이자 관계로 복구하는 작업에 해당한다. 온갖 남녀들이 각각의 커플을 이루며 해피엔딩으로 막이 내린다. 이러한 방식으로 시청자들에게는 끊임없이 일부일처의 구조가 주입되고 재생산된다.

나희가 사람들에게 폴리아모리 커플인 건우와 혜진의 이야기를 들려주었을 때, 사람들은 다음과 같은 반응을 보였다고 한다. "건우는 아직 좋은 사람을 만나지 못해서 그런 생각을 하는 거야. 거기에 참여하면 너까지 가지고 놀다 버려질 뿐이야." 그들은 나희의 말을 가볍게 듣지도 않았고, 원색적으로 비난하지도 않았다. 오히려 진지하게 자신의 경험에 근거하여 조언해 주었다. 그래서인지 처음에는 나희도 주변을 신경 쓰지 않고 사랑하는 것이 좀처럼 쉬운 일은 아니었던 것 같다.

하루는 나희가 자신과 오래 알고 지내던 친구에게 폴리아모리가 되기로 한 결심을 드러내었다고 한다. 그런데 그 친구는 자신이 다니는 교회에서 폴리아모리를 인정할 수 없을 것 같다고 답했다. 오히려 그것은 회개해야 할 일에 해당했다. 나희는 회개라는 단어가 뇌리에서 떠나지 않는다고 설명했다. 왜냐하면 자신이 잘못된 행위를 하는 것처럼 느껴지기 때문이었다. 하지만 나희가 아무리 따지고 보아도 특별히 잘못한 것은 없는 것 같았다. 실제로 폴리아모리들에 대한 공세적인 이야기들을 듣게 되었을 때 죄의식에 휩싸이게 되는 것은 흔한 일이다. 특히나 주변인에 의해서 그런 이야기를 들었던 것이라면 더욱 그럴 것이다. 친구와 있었던 일을 한참 이야기하던 나희는 체념한 표정을 지었다. 그리고 이때 우리는 계속 응답하게 될 질문에 부딪히게 되었다. 즉 '사랑이란 무엇인가'를 처음부터 다시 생각해야 하는 처지에 놓이게 되었던 것이다.

우리는 나희의 연락처를 얻어 그녀가 일하는 곳에 찾아가게 되었다. 나희의 일터는 작은 바였는데, 그녀의 학교로부터 그리 멀지 않았다. 손님이 없는 오후 무렵에는 자수를 놓는 게 취미였기 때문에, 나희는 그날도 노란 꽃 모양의 자수를 두고 있었다.

"폴리아모리들이 느끼는 사랑의 감정이 도대체 어떤 감정인지 이해하지 못하겠다고 이야기하는 사람들이 많았어요." 사람들은 나희의 사랑에 대해 의심을 했을 뿐이지, 사랑 자체가 무엇인지에 대해서는 제대로 설명해 주지 않았다. 우리는 폴리아모리로 산다는 것이란, 어쩌면 사랑에 대한 관념 자체에 근본적으로 문제를 제기하는 것일지도 모르겠다는 생각이 들었다. 그리고 그 질문은 사랑하는 존재들 모두에게 중요한 질문이었다.

　어떤 사람들은 폴리아모리가 나라를 망친다고 생각하기도 하고, 어떤 사람들은 지옥에 가게 될 것이라고 생각하기도 한다. '사랑'을 꿈꾸는 사람들은 폴리아모리를 부정하고 경계하며 그것을 막기 위해 온갖 신화를 만들어 내보인다. 폴리아모리는 그들에게 난잡하고, 음탕하고, 문란한 것이다. 하늘이 점 찍어준 운명 같은 사람을 만나 단정하고 깔끔하게, 별 문제 없이 아름답게 사랑할 수도 있는데 왜 하필 폴리아모리?

#3. '사랑'의 권력

역으로 생각해 보자. 어떤 사랑은 원래부터 난잡하고, 음탕하고, 문란한 것일 수도 있다. 어떤 특정한 사랑만이 스포트라이트를 받아왔던 것이지, 우리에게 가능한 모든 사랑을 고려할 경우 그것은 본래 괴물과 같은 것일 수도 있다. 우리가 그런 사실을 인식하는 순간, 사랑은 괴물로 구성된다. 프랑스의 철학자 미셸 푸코Michel Foucault는 『감시와 처벌』에서 이렇게 말한다. "권력은 더 이상 광인의 죄를 처벌하지는 않았지만, 광인의 죄를 구성해 냈다. 이는 이성적 인간에 있어서 자기 안에 있는 타자에 대한 인식의 방식으로 이루어졌다."

푸코에 따르면 중세시대에는 초월적 집권자가 보복을 목적으로 피권력자를 처형했다. 그러나 근대에 들어와서는 권력이 사람들 사이에 내재하게 된다. 그리고 그렇게 내재된 권력은 광기의 목록을 설정한다. 즉 권력은 정상적 기준에서 벗어난 타자를 인식하면서 작동한다. 따라서 만일 사랑의 사회적 또는 개념적 형성 자체를 밝혀낼 수 있다면, 그동안 그림자 속에 숨어 사랑을 독점이라는 기준으로 이해하게끔 유도하던 권력이 깜짝 놀라며 우리 앞에 드러날지도 모른다.

사랑이란 본래 그 자체로는 결코 의식적으로 규명될 수 없는 것이다. 사랑 그 자체에 대하여 의식은 부차적인 것이다. 하지만 이제는 역으로 의식이 사랑을 지배하고, 검열하고, 배제하려 한다. 그래서 나희는 자신의 사랑이 잘못된 것이 아니라는 것을 보다 합리적으로 밝혀내 주기를 바랐던 것이다. 모노아모리 중심의 사회 속에서 폴리아모리의 사랑은 더 이상 자연 자체로 머무를 수 없다. 이제 사랑이 또 다른 의식의 형태로 드러나야 사회적 변화가 가능해질 것이다. 이것이 '폴리아모리'라는 이름이 정치적으로 요구되는 이유일 것이다. 분명 의식은 소수자의 운동에서 보물과 같은 수단이 될 수도 있기 때문이다. 이것은 보편적 권력에 대하여 자기 스스로 권력을 만드는 일과 같다.

그러므로 우리는 다시 한 번 사랑을 말해야 한다. 욕망과 무의식과 자연의 움직임에 대하여. 그리고 다른 한편 우리는 그것들을 억압하고 있는 언어와 의식과 사회적 개념들을 가지고서 설명해야만 한다. 나희의 고민과 우리의 고민은 맞닿아 있다. 이것은 폴리아모리들에게 일종의 숙명과도 같은 것이다. 그래서 우리는 나희와 함께 몇 달간에 걸쳐 폴리아모리의 사랑에 대한 학문적 여정을 시작하기로 했고, 그 과정을 적어 나가기로 한다.

#4. 헬렌 피셔, 폴리아모리는 가능한가

사랑을 이해하기 위한 본격적인 여정은 폴리아모리라는 것이 불가능하다고 주장한 인류학자 헬렌 피셔Helen Fisher의 이야기로부터 시작되었다. 나희는 『사람들은 왜 바람을 피우고 싶어할까?』라는 책에 대하여 이야기를 나누고자 했다. 피셔는 '바람'이라는 키워드에서도 눈치 챌 수 있듯이, 폴리아모리에 대해 남다른 고민을 했던 사람이었다. 하지만 그는 폴리아모리를 적극적으로 수용하는 입장은 아니었다. 오히려 폴리아모리를 굉장히 예외적이고 부자연스러운 것으로 설명했다. 대신 피셔는 단 한 사람에 사랑을 느끼고 집중하게 되는 것만이 진정한 사랑이라는 이해를 바탕으로 바람의 이유, 연애 본능의 본질, 사랑의 대상 등을 탐구하던 인물이다.

피셔는 호르몬을 중심으로 볼 경우 여러 사람을 사랑하는 것이 애초에 불가능한 이야기라고 설명한다. 왜냐하면 사랑에 빠진 사람들은 도파민 중독 상태로 관찰되는데, 중독이라고 하는 것은 단 한 가지 대상에 대한 협착을 지칭한다는 점에서, 폴리아모리는 전통적인 의미에서의 사랑이라고 볼 수 없는 것이다. 오히려 다자간 사랑이 가능하다고 믿는 것은 본성에 대한 오해나 왜곡에 있는 상태이다. 따라서 피셔는 〈EBS 다큐프라임〉에서 기획했던 한 인터뷰에서 이렇게 말한 바 있다. "인간은 하나 이상의 사람을 사랑하려고 꾸준히 시도해 왔지만 성공한 적은 절대 없다."

또 피셔는 인류학적으로 일부일처제가 통상적이고 일반적이며, 다부제polyandry나 다처제polygyny, 집단 결혼 형태인 폴리가미polygamy는 예외적이라고 주장한다. 일부일처제가 아닌 결혼 형태는 그 사례 자체가 성립되기 꽤나 어렵기 때문에, 굳이 다른 이유가 있지 않고서야 일부일처제가 가장 자연스럽다는 것이다. 비슷한 맥락에서 피셔는 모건 루이스Morgan Lewis와 프리드리히 엥겔스Friedrich Engels의 주장을 전면적으로 반박한다. 그렇다면 모건과 엥겔스는 어떤 주장을 하였기에 이와 같은 비판의 대상이 되었는가.

우선 모건은 결혼의 형태가 명확한 계약 의식이 없었던 야만 시대의 난혼에서부터 시작한다고 보았다. 그리고 난혼은 고대 농경 사회에서는 군혼, 즉 씨족 간의 폴리가미로 이행한다. 모건은 이에 대하여 더 밀고 나가 서로의 성을 독점적으로 소유하려는 관념이 없기 때문에, 여기서는 자연스럽게 모계 사회가 성립했다고 주장한다. 왜냐하면 군혼에서는 자유로운 성관계로 인해 아이를 출산한 어머니는 누군지 명확하게 알 수 있지만 누가 그 아이의 정자를 제공했는지는 알 수가 없었을 것이기 때문이다. 그러나 언젠가부터 친족간의 성관계가 금지되면서 점차 집단적인 결혼은 축소되었고, 마침내 결혼에 있어서 독점적 관계만이 유일하게 허용되었다.

엥겔스는 이러한 모건의 이론을 이어받아 남성이 농경과 목축을 통해 사회적 기여가 높아지면서 부권이 강해지는 동시에 독점적 관계의 발전으로 모권 사회가 부권 사회로 이행했다고 주장했다. 누군가가 사회 내에서 경제권을 장악하기 위해서는 상속이 가능해야 한다. 그러나 여성이 다른 남성들과 자유롭게 성관계를 맺을 수 있다면, 남성이 자신의 수입을 특정한 자식에게 상속하는 것이 불가능하므로 여성에게 다른 남성과의 성관계를 금지하도록 요구했다는 것이다. 그리고 이것은 점차 법제화되면서 모노가미가 성립했다. 엥겔스는 이를 "여성의 세계사적 패배"라고 부른다. 즉 엥겔스에 의하면 경제적 독점욕이 폴리가미의 몰락을 낳았고, 그것은 여권의 몰락이라는 결과를 초래했다.

이러한 모건과 엥겔스의 주장에 대하여 피셔는 부정적으로 평가한다. 왜냐하면 현재 문화권에서 모권 사회를 찾아볼 수 없고, 과거에 모권 사회가 존재했는지에 대한 확실한 고고학적 근거도 없기 때문이다. 그 대신 피셔는 엘리너 리칵Eleanor Leacock의 논의를 조금 더 발전시키려고 한다. 리칵은 정착 생활, 그리고 특히 쟁기의 발명이 남권을 신장시켰다고 주장한 인물이다. 피셔는 생존을 위한 정착 생활이 남성의 경제권 장악에 중요했으며 이것이 평생 일부일처제의 기반이 되었다는 리칵의 설명에 동의한다. 즉 쟁기 농사를 통한 정착 생활로 인하여 이혼하기가 힘들어진다는 점에서 자연스럽게 평생 일부일처제가 성립한다는 것이다.

요컨대 모건과 엥겔스는 난혼 또는 군혼의 폴리가미 형태에서 모노가미로 이행했다고 보고 있지만, 피셔는 원시 사회가 폴리가미였는지는 모르겠고 쟁기의 출현과 정착 생활이 여성을 소유물로 만들고 모노가미를 고정시켰다고 보고 있다. 그렇다면 이러한 모노가미의 사회에서 바람을 피우는 이유는 무엇일까? 피셔는 진화론에서 통용되는 가설에 대한 비교 검토를 통해서, 남성은 성적 다양성을 얻고자 하기 때문에 바람을 피우고 여성은 질 좋은 유전적 자원을 얻고자 하기 때문에 바람을 피운다는 "조심스러운 결론"에 도달한다.

거시적으로는 이러한 욕망이 모노가미를 부정하는 방향으로 사회를 이끌진 않는다. 바람을 피우는 것은 어디까지나 은밀한 차원에서 사회에 잔재한다. 피셔에게 바람을 피우고자 하는 욕망은 폴리아모리의 삶으로 반드시 이행되는 것이 아니고, 그 자체로 폴리아모리를 긍정할 근거가 되지 않는다. 오히려 폴리가미 공동체는 실패한다는 것이 피셔의 의견이다. 피셔는 자유로운 성적 실험을 시도했던 미국의 오나이더Oneida 공동체를 예로 든다. 19세기에 등장했던 오나이더 공동체는 옷과 섹스 파트너 등을 모두 서로 공유했다. 독점적 사랑을 지양하면서 성적으로 자유로운 집단을 만든 것이다. 물론 그들 사이에서도 나름의 규칙이 있었다. 가령 폐경이 되지 않은 여성에 대해서는 남자의 사정을 금지하여 아이가 태어나는 것을 막았던 것이다. 뿐만 아니라 한 사람에 대한 낭만적 사랑을 강경하게 규제하였고 그 자체로 부끄러운 것처럼 만들었다. 그러나 언제부턴가 공동체의 창시자이자 리더였던 존 험프리 노이즈John Humphrey Noyes가 이를 악용하게 되면서 많은 사람들이 불만을 가지게 되었고, 결국엔 여성들을 강간했다는 폭로가 터져나오면서 해체되기에 이르렀다.

"오나이더 공동체의 성적 실험에서 가장 흥미로운 점은, 노이즈가 아무리 강압적인 규제를 펼쳤어도 남성과 여성이 서로 사랑에 빠지고 은밀하게 짝을 이루는 것을 결코 막을 수 없었다는 사실이다. 남녀 사이의 끌림이 노이즈의 율령보다 더 강력했던 것이다. 실제로, 서양의 집단 결혼 실험은 어느 것도 몇 년 이상을 지속하지 못했다. 마가렛 미드가 지적했듯이 사람들이 아무리 많은 공동체를 세운다 해도, 언제나 본래의 가족 제도가 슬금슬금 제자리를 찾기 마련이다. 인간이라는 동물은 본래 심리적으로 한 사람의 배우자와 짝을 이루도록 만들어져 있는 듯하다.”(헬렌 피셔)

이 코멘트에서 명백하게 드러나듯, 피셔의 인류학적인 분석에 따르면 폴리아모리로 살고자 하는 사람들의 존재 자체는 부정될 수 없겠지만 최소한 그것은 그리 자연스럽지는 않은 것이다. 피셔는 폴리가미 공동체는 실제로 가능하겠지만 그럼에도 결과론적으로 볼 때 성공적인 케이스는 발견되지 않았다고 설명했다. 그래서 그는 폴리아모리들이 주장하는 사랑은 결국 ‘욕심’일 뿐이라는 결론에 도달한다.

#5. 일부일처의 문제

피셔가 의도했든 의도하지 않았든 간에 이 논변으로부터 소외되는 사람들이 딱히 폴리아모리만 있는 것 같지 않다. '일부일처'가 가장 자연스럽다는 피셔의 말에서 이미 성별 이분법과 이성애중심적 사고가 포함되어 있기 때문이다. 사랑은 통념적으로 남녀 결합의 문제라는 피셔의 전제는 퀴어의 문제를 논외로 미루어두는 것처럼 보인다. 피셔는 퀴어에 대해서도 똑같이 '존재 자체는 부정하지 않지만 그리 보편적인 현상은 아니'라고 말할 수 있을까?

문화는 변화하고 있다. 지금 대한민국에는 성소수자를 대변해 사회 운동을 하는 사람들이 존재한다. 그리고 젊은 세대를 중심으로 성소수자에 대한 인식이 나날이 긍정적으로 변화하고 있다. 인류 공동체는 더 풍성해져 가는 중이다. 비정상적인 것으로 배제되어 오던 것들이라고 해서 그것이 부자연스러운 것은 아닐 것이다. 우리는 인류학적이고 역사적인 통계만으로 다양한 사랑을 이해하기에는 무리가 있다는 점을 생각해야만 한다. 모건, 엥겔스, 피셔, 그리고 여타 많은 학자들과 같이 이성애적 결합을 '인간의 번식 본성(또는 그로 인한 구조)으로 인한 자연적인 사랑-결합 형태'라고 한다면, 퀴어의 역사에 대해서는 설명할 수 없을 것이다.

나아가 피셔의 주장으로는 왜 도파민 중독 현상으로 정의되는 본성적인 사랑이 왜 어떤 사람들의 경험 속에서는 적용되지 않았던 것인지 설명할 수 없다. 앞서 피셔는 한 사람 이상의 사람을 사랑하려고 인류가 시도해 왔지만 빈번히 실패해 왔다고 말했다. 그러나 반대의 관점에서 보면, 피셔 본인이 생물학적 통계가 곧 본성인 것처럼 자연주의적 오류에 빠짐으로써 역사적으로 빈번하게 시도되었던 다자 간의 사랑을 설명하는 데에 실패한 것이라고 말할 수도 있을 것이다. 이것은 일종의 다수적 사랑, 어떤 문화 내에서 권력을 가진 사랑, 그러니까 인식되는 사랑에 대해서만 연구되었기 때문이지 않을까. 소수적 사랑이 펼쳐내는 무한한 프랙탈은 우리에게 하나의 본성으로 환원되어 인식될 수 없는 위치에 실재한다. 그런 점에서 통계적 합리성의 늪에만 빠져 있다면 우리는 결코 사랑 그 자체를 설명할 수 없을 것이다.

#6. 통념적 사랑

피셔의 사랑에 대한 입장은 두 가지로 요약될 수 있다. 첫 번째, 도파민 중독, 즉 특정한 개인에게 빠지게 되는 생리적 상태. 두 번째, 인류학적으로 가장 보편화된 형태로서의 일대일 결합 관계. 이는 우리 사회의 통념과 밀접하게 닿아 있는 생각들이다. 그러나 앞선 1장에서도 우리가 만나봤듯이, 한 사람을 사랑하고 있다고 느끼면서도 동시에 제3의 인물들에게서 강렬한 사랑을 느낄 수 있다. 고등학생 아영, 대학생 건우의 경우를 다시 떠올려보자. 그들이 느꼈던 감정은 거짓이 아니다. 또한 인류 사회에서 불륜 또는 외도는 흔한 일이라는 것은 피셔가 스스로 인정하는 점이다. 한 통계에 의하면 대한민국 남성의 50%가 외도를 경험한 적이 있다고도 한다. 역사적으로 모노가미의 보편성 안에는 언제나 균열들이 내재하고 있던 셈이다.

또한 불륜에 대한 피셔의 성적 다양성 추구와 유전성 확보라는 진화론적인 설명은 역설적으로 한 사람에 대한 독점적인 사랑이 얼마나 불충분하며 불안정한지를 증명하고 있다. 제시된 진화론적인 설명에 근거한다면 독점적 관계는 비효율적이고 비합리적인 것이 된다. 다른 한편 이 설명은 이성애적 불륜 관계만을 설명하고 소수적 성애 범주에 관해서는 적절한 근거가 될 수 없다. 그리고 이 설명에 의해서는 폴리아모리, 또는 진화론적 본성에 맞지 않는 사랑이란 무엇인지도 파악되지 않는다. 그렇다면 사랑은 반드시 성적 다양성 추구와 유전성 확보의 원리에 입각하여 성립한다고 할 수 있는가. 그렇지 않다. 도대체 왜 인류학은 사랑에 관하여 이러한 불친절한 답변을 내놓게 되는 걸까?

피셔를 비롯한 일부 인류학자들은 사회경제적 구조가 우리의 결합 형태를 규정짓는 데 주요한 원인이라고 주장한다. 쟁기의 출현, 정착 생활, 전쟁, 무역, 남성의 생리적 특성이 일부일처를 발생시키고 안정화시킨다는 논리는 그러한 관점을 반영한다. 이런 이야기는 상당히 설득적이다. 그러나 이러한 논리는 소수적인 사랑들이 어떻게 발생하는가에 대한 어떤 이해도 제공하지 않는다. 지금까지의 논의는 사랑을 통제하고 규정하는 권력 구조를 밝혀내는 데에만 집중해 온 것이다. 사회를 작동시키는 어떤 원리가 특정한 결합 형태를 추구하도록 개인을 유도해 왔는지를 이해하는 일과 사랑이라는 욕망이 실제로 어떻게 작동하는가를 이해하는 것은 구분되어야 한다. 즉 권력을 분석하는 것에서 그치는 것이 아니라 실제로 사랑이 어떻게 세계를 그리고 의미를 구성하는지에 대하여 우리는 질문해야만 한다.

#7. 스피노자의 사랑

"사랑이란 외적 원인의 관념을 동반하는 기쁨이다." (스피노자, 『에티카』 중에서)

피셔에 대한 이야기를 나누고 나서 우리는 나희와 함께 사랑의 구체적인 경험들에 대해 머릿속으로 그려나가기 시작했다. 가만히 앉아 우리가 사랑에 빠졌던 순간들을 상기해 보자. 사랑의 순간은 수만 가지의 모습을 하고 있다. 첫눈에 반하게 되는 사랑도 있을 것이고, 서서히 스며들다 나도 모르게 사랑하고 있는 경우도 있을 것이다. 누군가는 사랑을 받다 보니 역으로 사랑에 빠지게 된 경우도 있겠다. 조심스럽게 되고, 몰입하게 되고, 몸과 마음이 따스하거나 뜨겁게 되는 열렬함의 순간들. 나를 행복하게 하기도 하지만 한편으로는 서글프게 했던 그 수많은 날들을 우리는 기억하고 있다. 그것은 몇 가지 사회경제적 또는 진화론적 요인 등 한 가지만으로는 완전히 환원될 수 없을

복합적인 감정들의 경험이다.

나희는 어린 시절 자신에게 짓궂게 장난을 치던 친구를 좋아했던 자신을 떠올리며 미소를 짓다가, 문득 이런 생각이 떠올랐다. "사랑은 '사랑'이라는 단순한 감정이라기보다는, 그것으로부터 기쁨이나 슬픔 같은 다양한 감정들을 만들어내는 감정인 것 같아요." 이에 대하여 우리는 『에티카』의 저자인 스피노자Baruch De Spinoza의 사랑 개념을 알아보는 것을 제안했다. 스피노자는 사랑을 변용affection에 대한 긍정으로 설명한 바 있다. 변용은 다른 모습으로 변화하면서 드러나게 되는 원리이다. 관계적 존재인 생명들에게 있어서 변용이란 타자와의 마주침을 통해 필연적으로 가지게 되는 것이다. 또한 그것은 반드시 어떤 정서를 낳는 것이다. 우리는 이러한 존재론적 이해가 폴리아모리의 사랑을 이해하는 데 있어서 도움이 될 것이라 보았다.

우선, 우리는 스피노자가 왜 존재에 대한 질문으로부터 사랑에 대한 사유를 시작하게 되었는지 생각해 볼 수 있다. 스피노자가 살던 17세기는 유럽에서 기독교가 맹위를 떨치던 동시에 근대의 다양한 과학적 발견들이 이루어졌던 시기였다. 이러한 배경 속에서 많은 사람들은 존재에 대한 근본적인 믿음을 가질 수 있었다. 반면 어떤 사람들은 경험적으로 인식되거나 과학적으로 발견되는 것들이 과연 진정으로 존재하는가에 대한 물음을 던지기도 했다. 그래서 결국 근대인들은 하나의 거대한 기획을 구축하게 되었는데, 그것은 바로 존재에 대한 이론의 정립이었던 것이다.

진정으로 존재하는 것은 대체 무엇일까라는 궁금증은 자연스럽게 '무엇'에 해당하는 대상의 불변하는 존재나 본질을 가정해야 했고, 사람들은 불변하는 존재나 본질을 총칭하는 개념인 '실체'에 대한 해명을 요구했다. 믿어 의심치 않아도 될 정도로 확실히 존재하는 것? "나는 생각한다, 고로 나는 존재한다"라는 말로 유명해진 데카르트René Descartes를 비롯하여 당시의 많은 사람들은, 우리에게 있어서 생각을 담당하는 정신적인 실체와 물리적 운동을 담당하는 육체적인 실체가 존재한다고 보았다.

하지만 스피노자는 이러한 실체의 이분법적 분리가 논리적으로 성립될 수 없다고 보고, 보다 합리적인 실체 개념을 정립하고자 하였다. 스피노자는 실체가 둘 이상으로 나눠져서 서로의 영역을 제한할 수 없을 것이라고 보았다. 왜냐하면 실체는 정의상 다른 것에 제약을 받지 않고 독자적으로 존재해야 하기 때문이다. 그렇다면 실체는 무한한 존재이자 완전한 존재일 수밖에 없다. 즉 실체는 오직 하나뿐인 존재이며, 우리가 흔히 이야기하는 '신'이었던 것이다.

"(정의 3) 나는 실체란 자신 안에 있으며 자신에 의하여 생각되는 것이라고 이해한다. 즉 실체는 그것의 개념을 형성하기 위하여 다른 것의 개념을 필요로 하지 않을 것이다. (정의 4) 나는 양태를 실체의 변용으로, 또는 다른 것 안에 있으면서 다른 것에 의하여 생각되는 것으로 이해한다. (정의 5) 나는 신을 절대적으로 무한한 존재, 즉 모든 것이 각각 영원하고 무한한 본질을 표현하는 무한한 속성으로 이루어진 실체로 이해한다."

여기서 스피노자는 사랑의 개념을 신의 개념과 연결하여 이해할 때만 명석하게 이해할 수 있을 것이라고 판단했다. 구체적인 자연의 존재들이 서로 관계하면서 가지게 되는 것이 사랑인데, 신은 그 자체로 드러나는 것이 아니고 오직 구체적인 자연의 존재들을 통해 드러나기 때문이다. 이때 구체적인 자연의 존재들을 스피노자는 실체가 변화한 모습이라는 점에서 양태라고 부른다. 요컨대 실체는 유일한 신이며, 그것은 사랑의 원리로 변용되는 양태들로 나타난다. 스피노자가 설명하는 신의 구체적인 특성들을 들어보자.

우선 신은 '스스로' 존재한다. 실체는 결코 다른 것에 의존하여 존재할 수 없기 때문에, 신은 오직 신을 통해서만 인식될 수 있으며, 신은 신이란 개념 그 자체로 완벽하기 때문에 신을 파악하기 위해 다른 개념을 필요로 하지 않는다. 그런 점에서 신은 둘 이상일 수 없는, ‘유일’한 존재이다. 몇 개의 실체가 서로 분리된다면 그것은 신이 유한하다는 것과 같기 때문이다. 신이 ‘무한’하다는 즉 무한한 존재를 긍정한다는 것은, 존재 전체에 대하여 신이 내재적이라는 것이다. 그 어떤 것도 신의 바깥에 있을 수 없다. 인간도 식물도 빛나는 별들도, 그 모든 것들이 신 안에 존재한다. 그래서 스피노자는 “신이 곧 자연”이라는 결론을 내린다. 그러니까 오해하진 말자. 스피노자가 말하는 신이란 흔히 생각하듯 이 세상을 초월해서 우리의 죄를 심판하는 최종 보스 같은 존재가 아니다. 왜냐하면 신 이외의 다른 실체가 없기 때문이다. 신은 자연 바깥에 있는 것이 아니라 자연과 내재적 관계에 있으며, 자연 안에 있는 모든 양태들을 포함하는 존재이다. 이러한 유형의 입장들을 흔히 범신론이라 부른다.

내재적 존재인 신은 스스로의 원인으로서 자기 안에 결과를 산출한다. 이것이 자연의 ‘창조’ 과정이다. 물론 여기서 자연이라고 부르는 것에는 당연히 인간, 그리고 인간이 만들어낸 모든 것들도 포함된다. 혹은, 우리가 가지게 되는 어떤 관념과 정서조차도 자연의 일부이다. 정신적인 것들 또한 우리의 신체적 활동을 통해 발생하게 된 것들이기 때문이다. 중요한 것은 신이 유일하며 다른 것에 의존하지 않는 데 반해, 신 안에 존재하는 양태들은 다른 것에 의존하여 존재하며, 따라서 반드시 관계적이라는 것이다. 그래서 스피노자는 양태들이 서로의 변화 가능성을 긍정한다는 점에서 그러한 일련의 과정을 자연의 원리로 이해했던 것이다.

인간은 자기 자신만으로 고유한 본질을 갖지 않고, 오직 서로 다른 것과 관계하면서 존재하게 되는 양태들에 해당한다. 그런데 양태는 끊임없이 변용된다. 즉 다른 것에 영향을 받음으로써 원래의 상태로부터 달라져 간다. 양태는 끊임없이 다른 것에 의해 변화하므로, 인간이 인간 자신을 고정적인 주체로 상정하는 것 자체가 본래 허구적인 일일 것이다. 고정적이고 영원불변하는 것이 있다고 믿었던 파르메니데스로부터 플라톤을 지나 칸트에 이르기까지의 수많은 철학자들과는 다르게 스피노자는 서로가 서로에 의해 자극되고 촉발되는 변용의 상태야말로 가장 자연적인 것이라고 보았던 것이다.

나희는 이러한 이야기들을 나눈 후 이러한 자연적 양태들에 대한 철학적 고민이 사랑과 어떤 연관이 있냐고 되물었다. 우리가 신 또는 자연이라는 무한 안에서 유동하는 양태들이라는 사실이, 대체 우리의 사랑에 어떤 영향을 미친다는 말인가.

#8. 사랑, 나를 기쁘게 하는 것들

우리는 SNS를 좋아한다. 카카오톡부터 시작해서 페이스북, 인스타그램에 이르기까지 친구가 많을수록, 많은 연락이 와 있을수록, 댓글이 많이 남겨지고 좋아요가 많이 눌러질수록, 마음의 안정을 얻고 왠지 모르게 뿌듯해진다. 게임을 하더라도 친구와 함께 하는 것이 더 재미있고, 똑같은 프로그램을 본다면 텔레비전으로 보는 것보다 온라인에서 채팅을 하면서 보는 것이 더 마음에 든다. 즉 우리는 타자과 함께 하는 것에 기쁨을 느끼는 것으로 보인다.

나희도 고개를 끄덕였다. 왜 우리는 그런 부분들에서 기쁨을 느낄까. 그것은 바로 우리가 양태이기 때문에, 즉 '관계적 존재'이기 때문이다. 우리가 절대적으로 완전히 타자와 무관하게 존재할 수 있었다면, 관계로부터 얻는 기쁨은 없었을 것이다. 하지만 우리는 결코 전적으로 자유롭지 못하다. 스피노자에 따르면 전적인 자유란 오직 신의 전유물, 혹은 적어도 신에 대한 완벽한 이해에 도달했을 때 가능한 무언가이다. 전적인 자유는 다른 것에 영향을 받지 않기 때문에 정서의 동요 하나 없는 영원한 평정 상태가 지속된다. 반면에, 우리는 언제나 서로에게 영향을 주고 받는 존재이다. 그렇기에 미소를 지을 수도 있고 눈물을 흘릴 수도 있는 것이다. 그게 삶의 재미이지 않은가.

양태들이 서로에게 영향을 미치는 사건을 스피노자는 신체변용이라 부른다. 양태들은 맞부딪치면서 서로의 신체적 활동 능력을 증대시키거나 감소시키고, 촉진시키거나 저해시킨다. 인간에게 있어서 신체의 활동 능력이 증대되거나 촉진되는 것을 우리는 기쁨이라 부르고, 감소되거나 저해되는 것을 슬픔이라 부른다. 바로 이 지점에서 사랑이 피어나기 시작한다. 스피노자에 따르면 사랑은 "외적 원인의 관념을 동반하는 기쁨"이다. 이때 외적 원인이란 신이다. 그리고 신은 양태들이 얽혀 있는 자연 전체이다. 즉 사랑이란, 자연 안에서 자신과 연결되고 접속되어 있는 양태들과의 관계 속에서 발생하는 기쁨이다. 만인에 대한 만인의 사랑, 그래서 사랑이란 건 본래 폴리아모리이다.

모든 정서는 인간의 내면에서 독단적으로 생기는 것이 아니라 다른 양태와 마주칠 때 주어진다. 인간은 의식적으로든 무의식적으로든 다른 것들과 접촉을 하면서 살아간다. 헬스장에서 운동을 하다가 마음에 드는 사람이 옆에 오면 괜히 더 힘이 나고, 우울한 노래를 들으면 괜히 힘이 빠진다. 즉 우리의 신체가 외부의 다른 것과 접촉했을 때 일으키는 신체변용과 그 변용의 관념을 우리는 '정서'라고 이해할 수 있겠다. 기쁨의 정서는 인간의 활동력이 완전성을 향해 높아지는 이행 활동이며, 슬픔의 정서는 인간의 활동력이 불완전성을 향해 낮아지는 이행 활동이다.

사랑은 곧 기쁨이다. 그래서 우릴 기쁘게 하는 모든 것들은 사랑의 대상이다. 사랑할 때 우리는 우리 자신을 조금 더 완전하게 느끼게 되며, 신체의 활동 능력이 샘솟게 된다. 우리가 SNS를 좋아하는 것도 바로 그 때문이다. 우리 자신을 끊임없는 타자와의 자극들 한가운데로 놓고, 나아가 고정된 일상이 아닌 끝없는 정서적 역동을 경험하게 해주기 때문이다. 우리가 끊임없이 변용하는 양태라는 점, 수많은 서로 다른 양태들이 동시다발적으로 관계하고 있다는 점, 사랑은 그 관계 속에서 쉴새없이 발생한다는 점을 잊지 말자. 우리는 무엇을 사랑할지 안 할지 마음대로 결정할 수도 없고, 또한 의식적으로 무언가를 사랑하기로 결정했다고 해서 또 다른 잠재적인 사랑이 차단되는 것이 아니다. 신체가 기쁨을 좇는 한 신체는 사랑함을 멈추지 않을 것이며, 그 마주침의 대상은 무한한 타자들이 될 수 있다. 양태는 언제나 변용에 열려 있기 때문이다.

그렇다면 스피노자의 사랑 개념으로 볼 때, 인간은 존재론적으로 폴리아모리라고 할 수 있다. 폴리아모리가 예외적이고 욕심이며 언제나 실패해 왔다고 비판하던 헬렌 피셔에게는 미안하지만, 자연의 원리는 언제나 폴리아모리였던 것이다!

오해하지 말아야 할 것은 우리가 존재론적으로 폴리아모리라고 해서, 모노아모리가 잘못된 사랑이거나 나쁜 사랑인 것은 결코 아니라는 것이다. 오히려 우리의 분석은 모노아모리도 사실은 폴리아모리의 한 유형이라는 것으로 귀결된다. 누군가는 특정한 한 명을 사랑하고 누군가는 두 명을 사랑하고 누군가는 어떤 유형의 사람들을 사랑하고 누군가는 모두를 사랑하고, 등등 다양한 의식적 선택들이 가능한 이유는, 바로 그 모두가 이미 무의식적으로 폴리아모리이기 때문이다. 인간은 자연적인 동시에 문화적인 존재이며, 무의식적인 동시에 의식적인 존재이다. 자연적이고 무의식적으로 우리는 폴리아모리로서 존재하지만, 다른 한편 문화적이고 의식적으로 모노아모리로서 살아갈 수 있는 것이다.

관계적으로 살아갈 수밖에 없는 자연 안에서 우리는 모두 폴리아모리이고, 그 위에 일련의 사회문화적인 요소들이 중첩되면서 의식적인 사랑들이 구성된다. 모노아모리도 자연적으로는 폴리아모리적 욕망을 가진 존재라는 점이 중요하다. 타자와 어떤 관계를 맺을 것인가는 본인의 상황과 감정에 맞게 조율하면 될 일이다. 그렇기 때문에 우리는 폴리아모리와 모노아모리를 이분법적으로 구분하는 것 자체가 별 의미 없이 느껴지기도 한다.

#9. 강렬한 사랑의 인식

나희는 모두가 폴리아모리라는 사실을 신기하게 여겼다. 이 것은 일종의 사랑에 관한 전복적인 이해였다. 나희든 그 누구이 든 간에, 자연에서 사랑을 느끼는 일이란 그 자체로 기쁜 일이 다. 하지만 문명은 그러한 정서를 단 하나의 대상에 대한 것으 로 환원시키고자 했다. 그리고 거기에 죄책감이라는 조미료를 투하함으로써 많은 사람들의 모호한 윤리적 감수성을 자극했 다. 물론 적절한 상황의 필요에 따라 스스로 자신의 의식적 관 계를 차단하거나 조절하는 것도 가능하지만, 지금 한국 사회는 필요 이상으로 다자적 사랑이 억압되고 있는 것처럼 보인다.

자연으로서의 인간이 원래부터 다자적인 관계망 속에서 사랑 을 느끼는 존재라는 이해가 바탕이 된다면, 비록 모노가미적 계 약 관계에 있다고 하더라도 새로운 사랑에 대한 죄책감을 느낄 필요는 없을 것이다. 쉽게 말해 이렇게도 사랑할 수 있고 저렇 게도 사랑할 수 있다. 우리가 고민해야 할 것은 스스로가 어떤 결합 관계를 맺는 게 가장 적절할지에 대한 구성적 상상력일 뿐이다. 나희는 여기까지의 말들에 동의하며 다음과 같은 호기심을 내보였다. 즉, "사랑이 기쁨인 것은 맞는 것 같은데, 왜 특별히 누군가하고는 연애를 하고 싶고, 반면 다른 누군가하고는 조금 덜 가까워지고 싶은 걸까요?"

어떤 이유로 우리의 무수한 사랑들에는 차이가 발생할까. 삶이 수많은 마주침의 연속이라면 왜 그 수많은 마주침마다 각기 다른 정서를 가지게 될까. 스피노자가 말한 대로 사랑은 기쁨이라고 단순하게 정의내리고 끝난다면, 우리는 수많은 사랑이 가지는 미묘한 차이들을 지워버리는 실수를 범할 수도 있을 것이다. 우리는 모든 것을 두루두루 사랑하자는 아름답고 잔잔한 이야기를 하려는 것이 아니다. 여기에 대해서는 차이의 철학자라고 불리는 질 들뢰즈Gilles Deleuze의 이야기를 들어볼 필요가 있다.

들뢰즈는 강렬도intensity 개념을 통하여 차이를 설명한다. 우선, 스피노자로부터 이해할 수 있었듯이 양태들은 서로 관계를 맺고 있다. 그런데 우리가 자연 속에서 볼 수 있듯 각 양태들은 각기 다른 모습이다. 이것은 각자의 강렬도가 모두 다르기 때문이다. 강렬도는 현상 배후에서 무한히 차이 나고 변별적이며 불균등한 힘을 지칭한다. 그 힘은 결코 소멸되지 않고 끊임없이 역동한다. 강렬도가 다르기 때문에 모든 존재는 특이singular하다. 특이한 존재들은 서로 다르기 때문에 관계할 수 있는 것이고, 어떻게 관계지어지느냐에 따라서 생성되기도 소멸되기도 한다. 아마도 우리의 두뇌만으로 특이한 존재들이 쉴 새 없이 관계하면서 변화하고 있는 모습을 상상하기는 어려울 것이다. 차이라는 개념은 인간의 인식 범위를 넘어서는 그 자체로 절대적인 것이며, "차이의 배후에는 아무것도 없다." 가령 스피노자는 실체인 신으로부터 변용 가능성을 획득했다면, 들뢰즈에게는 오직 변용 과정 자체만이 존재하고, 도리어 양태들이 그것들의 차이 자체로 신을 구성한다.

이때 들뢰즈는 특이한 존재들이 자신만의 본질적인 강렬도를 가지고 있는 게 아니라, 관계 속에서 서로 다른 강렬도가 특이한 개체들을 가능하게 한다는 것을 명심시킨다. 비유하자면 내가 그를 꽃이라 부를 때, 그는 내게 꽃의 강렬도를 가지는 것이다. 누군가에게 그는 자체발광의 아이돌일 수도 있고, 누군가에게 그는 창밖의 텅 빈 바람일 수도 있다. 강렬도는 관계 안에서 발생하고, 그것은 역설적으로 존재를 가능하게 만든다. 누군가에게 강렬하지 않을 때에는 우리는 결코 실존할 수 없는 것이다. 또는 이렇게도 말할 수 있을 것이다. 즉, 세상은 강렬한 만큼 나에게 존재한다.

　따라서 나희의 호기심에 대한 다양한 고민들을 다음과 같이 정리할 수 있었다. 우리는 관계 속에서 강렬도가 높아질 때, 더 깊은 사랑으로 인식하고 또한 욕망한다. 사랑의 사례들의 범위는 너무나 넓고, 그 가능성의 경계는 무한하지만, 그 안에서 '낭만적 사랑'이라 부르는 연애와 결혼의 유형이 가능한 것 또한 바로 이 강렬도 덕분이다. 따라서 분명히 성애나 연애 감정의 필요조건으로서 기능하는 사랑의 개념은, 강렬도의 근원성에 의해 단순하게 성애나 연애라는 분류만으로는 규명될 수 없는 것처럼 보인다.

#10. 가면들의 사랑

강렬도는 본질이 아닌 관계만이 존재한다는 사실을 드러내는 개념이다. 어쩌면 우리는 사실 모두 오페라의 유령과 사랑하고 있다고 봐도 무방할 것이다. 우리는 모두 가면들이다. 우리는 매일 아침마다 머리를 다듬고 얼굴을 꾸미고 옷을 골라 입고 나간다. 만일 우리에게 본질이 있다면 이러한 행동은 본질을 숨기는 거짓된 행동일 것이다. 그러나 본질은 없다. 우리의 행동들이 곧 우리 자신이기 때문이다. 가면 뒤에는 아무것도 없다. 머리를 다듬은 것도 나이고 꾸민 얼굴도 나이다. 인생은 누구의 본질도 알 수 없는 가면무도회와 같다. 그 안에서 우리는 기쁨을 주는 가면과 함께 춤을 추고자 할 뿐이다.

사람들은 묻곤 했다. 엄마가 좋아 아빠가 좋아? 나는 엄마도 좋고 아빠도 좋은걸. 우리는 태어나는 그 순간부터 수많은 사랑의 잠재성 위에서 살아가는 폴리아모리들이다. 그러나 동시에 우리에게는 강렬도가 있기 때문에, 인류애나 우주애를 해야 한다는 당위를 가질 필요는 없다. 어떤 아이는 엄마만 좋아하고 어떤 아이는 아빠만 좋아하고 어떤 아이는 또 다른 누군가를 좋아한다. 나아가 계급, 민족, 국가 등 어떤 관념으로 포착될 수 있는 특정 단위에 대한 사랑도 가능하다. 그리고 그 모든 것을 통틀어서 단언컨대, 어떤 동일한 사랑도 불가능하다. 왜냐하면 우리가 사랑할 수 있는 그 모든 것들은 가면들이기 때문이다. 똑같이 엄마를 좋아하는 것 같아도 내가 느끼는 '엄마'와 아빠가 느끼는 '엄마'가 다르다.

그런데 우리가 가면들로부터 강렬도를 느낌으로써 사랑이 구성된다면, 거기에서 새로움이란 어떻게 가능한 것일까. 즉, 왜 우리는 어떤 강렬도에 사로잡힌 이후에 거기에 고정되지 않고 또 다른 강렬도를 받아들일 수 있는 것일까. 우린 앞서 꽃집 가게 사장 시온이 기존의 결혼 관계를 평생 가져가지 못하고 연주라는 사람을 만나 새로운 욕망과 삶을 발견하게 되었던 이야기를 들었던 바 있다. 견고한 것같이 보였던 시온의 일상에 또 다른 세계가 구축되었던 것이다. 펠릭스 가타리Felix Guattari는 이에 대하여 '횡단성'이라는 개념을 제시한다.

"살을 에는 듯한 어느 겨울날, 한 무리의 고슴도치들이 추위를 견디고자 서로 몸을 껴안아 따뜻하게 하려고 하였다. 그러나 자신들의 가시가 서로를 찔러서 너무 아파 그들은 곧 다시 흩어졌다. 그러나 추위는 계속되었기 때문에 그들은 다시 한 번 가까이 모였고 다시 한 번 찔려서 아프다는 것을 알았다. 그들이 두 악[추위와 가시로 인한 아픔]에서 자신들을 보호하기 위한 아주 적당한 거리를 발견하기까지 이렇게 모이고 흩어지는 일이 계속 되었다.” (가타리, 『정신분석과 횡단성』 중에서)

쇼펜하우어Arthur Schopenhauer가 처음 제시했던 우화로 소개되는 이 이야기에서 고슴도치들은 서로에게 이리저리 붙어보며 가장 적당한 거리를 찾는다. 가시를 가진 고슴도치들에게는 너무 가까운 것도, 그리고 추운 날에 너무 먼 것도 좋은 것이 아니다. 서로 더듬어보며 적당한 거리를 찾는 것이다. 그 선을 찾았을 때 가타리는 이것을 ‘횡단성 계수’가 가장 높은 상태라고 이야기한다. 대체 횡단성 계수가 무엇이길래? 다른 예를 살펴보자.

“울타리가 쳐진 들판에, 조절할 수 있는 눈가리개를 한 말들을 풀어놓았다고 생각해 보자. 말들의 눈가리개를 조절하는 것이 바로 횡단성 계수이다. 말들이 완전히 볼 수 없게 조절되는 순간에 어떤 외상적 충돌이 생길지 상상할 수 있을 것이다.” (가타리, 『정신분석과 횡단성』 중에서)

시온의 앞에 연주가 등장하였을 때를 돌이켜보면 이를 쉽게 이해할 수 있다. 연주는 자주 꽃가게를 드나들며 시온과 눈을 마주치고 포옹을 하고 고민을 털어놨다. 이때 시온과 연주 사이에는 보이지 않는 접촉경계면들이 다량 만들어졌다. 그러다 보니 꼭 언어나 의미들로 한정되지 않는 정보값들이 알게 모르게 서로의 무의식 속에서 건너다니게 되었을 것이다. 퇴근 시간만 기다리며 시계를 바라보는 일이 일상이던 시온에게 연주는 일종의 새로운 세계가 되어주었다. "그저 힘든 일을 잊어버리고 먹는 점심과 그 휴식의 상징물이 된 연주의 얼굴을 보는 것이 행복했"던 시온은 분명 새로운 삶으로 횡단했다고 말할 수 있다.

세계는 하나가 아니다. 세계는 언제나 다른 세계에 접속한다. 두 세계 사이에 접촉경계면들이 형성되고 무수한 정보값 또는 무의식적 기호들이 교환된다. 이 사이에 기쁨이 일어난다는 점에서 이 만남은 사랑이다. 시온은 뻔하게 반복되는 삶을 살았고 사랑에 있어서 자동적 사고와 고정관념들이 팽배해지고 있었지만, 연주와의 만남은 그런 삶의 횡단성을 촉발시켜 주었고 궁극적으로 시온의 자율적 사고와 긴장감을 높여주었다. 사랑은 견고한 바위를 깎아내는 파도와 같이 강력한 힘을 가지고 있다. 사랑이 반복될 때마다 바위는 변화한다. 그리고 이때 떨어져 나온 부스러기들은 파도 안에서 뒤섞이며 새로운 생명의 잉태를 낳는다.

유의해야 할 점은 가타리의 횡단성 계수 개념에 의하면, 반드시 가깝고 더 많은 정보값이 교환되며 과도한 접촉경계면을 만들어내는 것만이 좋은 것이 아니라는 것이다. 적절한 거리 조절이 필요하다. 너무 친밀하거나 감정적으로 의존하거나 모든 것을 다 알고자 하는 것은 일종의 협착이 될 수 있다. 가령 우리가 흔히 아는 것처럼 성폭력과 가정폭력은 전혀 모르는 사람이 아니라 가까운 관계에서 이루어지는 사례가 훨씬 많다. 만일 서로 모든 것을 아는 게 곧 사랑이었다면 국정원은 우리 모두의 애인일 것이다. 한마디로 많은 정보와 추억, 그리고 정서적 거리는 사랑의 결과물일 수는 있어도 필연적인 사랑의 성립 조건은 아니다. 거리 조절에 실패한 고슴도치들의 포옹은 서로를 찌름으로써 비극으로 끝날 수도 있다.

#11. 성좌의 사랑

나희는 스피노자로부터 들뢰즈를 거쳐 가타리까지 공부하게 되니 사랑이라는 것이 더 어려워진 것도 같다고 말했다. 너무 멀면 두려워지기 쉽고, 너무 가까우면 뻔해지기 쉽기 때문이다. 익숙하고 진부해진 사랑은 생기 잃은 나뭇잎처럼 바스라질 수 있다. 마르셀 프루스트Marcel Proust의 『잃어버린 시간을 찾아서』에서 나오는 사랑 이야기에서도 그와 같은 장면이 묘사된다.

"우리의 관계는 지극히 단순하여서 참으로 아늑하였다. 생활이 공허하여서 알베르틴은 내가 그녀에게 요구하는 것이라면 일종의 서두름과 더불어 복종하였다…… 과연 내가 처음으로 발베크에서 만난 그 젊은 아가씨, 편편한 폴로 모자 밑에, 고집 세게도 냉소적인 눈을 한, 아직 내가 모르던 아가씨, 물결 위에 윤곽을 나타낸 실루엣처럼 날씬하던 그 아가씨가 아니었나? 기억 속에 그대로 간직된 이런 초상을 다시 찾아낼 때, 지금 알

고 있는 그 존재와 닮지 않았음에 놀란다…… 지금의 그녀는 새
장 속에 어쩌나 꼭 갇힌 몸인지, 지난날 알베르틴이야말로, 호
텔 앞에서, 불처럼, 따가운 바닷가의 위대한 여배우인 듯, 이 자
연의 극장에 나갔을 때, 뭇사람들의 시새움을 일으키며, 아무
에게도 말을 건네지 않으며, 줄줄 따라다니는 무리를 떠다밀며,
아가씨 친구들을 굽어보지 않았던가? 또 그처럼 갈망의 대상이
던 이 여배우야말로 나 때문에 무대에서 물러나, 여기 우리 집
에 갇힌 그녀, 누구의 욕망도 미치지 못하는, 차후 아무도 찾아
낼 수 없는 그녀, 어떤 때는 내 방에 있고, 어떤 때는 제 방에서
데생이나 조각에 열중하고 있는 그녀가 아니었나?"

한때 여인들의 무리에서 가장 아름답게 다가와 자신에게 사
랑의 강렬함을 안겨준 둘도 없는 연인 알베르틴. 알베르틴은 함
께 하는 무리 중에서 가장 당돌하게 자신감 넘쳤다. 지나가는
사람들 모두 그런 알베르틴의 아름다움과 자신감에 압도될 정
도였다. 그러나 결혼 생활이 지속되면서 알베르틴은 점차 '아
내'라는 단일한 정체성에 갇혀 그 생기발랄한 에너지를 잃어버
리고 말았다. 질베르트는 결혼 생활이 점차 따분해지고 심지어
불행하다는 느낌이 들기 시작한다.

여기서 질베르트는 한 가지 중요한 사실을 깨닫는다. 즉, 자

신이 타자로부터 독립된 '알베르틴'을 사랑한 것이 아니었다는 것이다. 알베르틴은 바닷가 달 밝은 밤에 모래톱 위를 거니는 배우이기도 했고, 질베르트가 침실에서 잠시 아버지의 서재를 갔다 돌아오는 동안 긴 산책에 지쳐 새근새근 잠에 든 사람이기도 했다. 또한 언젠가 알베르틴은 담소하거나 놀며 밤을 보내다가도 말없이 서로 바라보는 것만으로 행복한 둘도 없는 연인이기도 했고, 자신이 힘이 들어 지쳐 있을 때 상처를 어루만져 주는 어머니이기도 했다. 질베르트가 사랑했던 수많은 장면 속에 알베르틴이 있었다. 알베르틴은 수많은 관계망을 넘나들며 질베르트의 세계들을 구성했고, 그 다채로운 이미지들 속에서 강렬한 관능미를 내보였던 것이다.

말하자면 질베르트가 사랑한 알베르틴은 단지 '나의 아내'라고 잘라내어 인식할 수 있는 생물학적 개체가 아니었고, 도리어 수많은 타자들 속에서의, 그리고 수많은 상황들 속에서의 알베르틴 '들'이었다. 이러한 질베르트의 깨달음은 횡단성에 대한 중요한 통찰을 던져준다. 즉 강렬도는 특정한 '배치'를 통해서만 발현되는 것이고, 우리가 누군가를 사랑할 때는 반드시 여러 배치들 속에서 발생하는 강렬함들을 아울러 사랑할 수밖에 없다는 것이다. 하나의 별도 다른 별자리를 연결시킴으로써 의미가 달라지듯이, 마찬가지로 우리가 어떤 한 사람을 사랑한다고 해도 그것은 여러 별자리를 그려내듯 무한한 배치들에 대하여 사랑하는 것이다. 그런 점에서 우리가 이해하는 사랑이란 모두 '성좌의 사랑'인 것이다.

우리는 스피노자로부터 우리가 양태로서 관계적 존재라는 사실을 깨달았고, 폴리아모리들이 바라는 사랑이 얼마나 자연 그대로의 일인지 알 수 있었다. 나아가 들뢰즈로부터 사랑이 질적인 차원에서 강렬도를 가짐으로써 의식적 차원으로 넘어오지만, 그것은 사실 가면일 뿐이며 오직 차이 나는 사랑만이 존재하기 때문임을 알 수 있었다. 마지막으로 우리는 가타리를 통해 사랑이 개인적이고 고정된 것이 아니라 끝없이 횡단하는 것임을 알 수 있었다. 횡단하는 사랑은 결국 어떤 성격인지 규정할 수 없고 이해할 수 없는 무언가였다. 그런 점에서 다양한 맥락과 배치들을 고려하며 읽어낼 수 있는 성좌의 사랑에 다름 아니었다.

우리가 경험하는 모든 사랑이 성좌의 사랑이라는 점은 매우 중요하다. 사랑을 사유할 때 이면에 존재하는 권력과 구조를 분석하는 것도 분명 중요한 일이다. 그러나 사랑의 힘이 단순히 구조의 재생산 기여에만 그친다고 생각하면 그것은 잘못된 판단이다. 우리가 사랑에 대해 반드시 기억해야 할 점은 사랑이 구조와 권력의 의지에 따라 유도되는 정서이기도 하지만 배치에 따라 끊임없이 새로운 흐름을 생성하는 역능이기도 하다는 점이다. 배치가 달리 되면 우리의 욕망도 바뀐다. 사랑은 정해진 권력 구조 속에서만 머무는 힘이 아니다. 다음 장에서는 이러한 성좌의 사랑이 역사 속에서 어떻게 정치적으로 드러나면서 작동해 왔는가에 대하여 살펴보기로 한다.

4장

폴리아모리와 사회적 질문들

갈등과 공존

폴리아모리 강연을 하고 나서면 반드시 들어오는 질문이 두 가지 있다. "폴리아모리들의 가족구성권은 어떻게 보장되나요?" 그리고 "폴리아모리도 성소수자인가요?" 이런 질문들의 공통점은 폴리아모리의 내면적인 심리를 떠나서 폴리아모리들이 사회적으로 어떻게 접합될 것인지 전망을 물어보고 있다는 것이다. 폴리아모리를 사회학적인 관점에서는 어떻게 이해할 수 있는 것인지 기존의 알고 있던 개념들과 비교하는 경우가 많다.

그러나 아쉽게도 폴리아모리 사회학적인 연구가 다양한 방면으로 이루어지는 것은 최근의 일이다. 아직 유효한 사회학적인 통계나 자료가 빈약하다. 물론 폴리아모리와 관련한 사회적 고민들을 아예 외면할 수는 없다. 그래서 우리는 여성운동과 성소수자 운동이 폴리아모리 주체성과 깊게 관련된 지점들이 있다는 점을 짚고, 가족과 육아에 대해서 짧게 언급할 것이다.

4장에서는 이런 질문들을 중심으로 이야기를 살펴보려고 한다. 모노가미가 '여성의 세계사적 패배'로 이야기되는 관점에서 여성과 폴리아모리는 어떤 관계가 있을까. 왜 사람들은 폴리아모리와 성소수자 또는 퀴어를 아주 쉽게 연결시킬까. 폴리아모리들은 법적으로 폴리가미가 인정되는 것을 바라는 것일까. 폴리아모리들은 아이 육아의 문제를 어떻게 해결할까. 폴리아모리 가족에서 살아가는 아이는 잘 클 수 있는 걸까. 그리고 대한민국 폴리아모리 운동의 전망을 짚어본다.

폴리아모리가 모노가미 사회 시스템과 갈등할 것이라고 예상하는 사람들이 많다. 어떤 사람들에게는 '나라를 무너뜨릴' 치명적인 위협으로도 생각되는 것 같다. 그러나 폴리아모리가 모노가미 시스템에 치명적인 균열을 형성할 것인가는 의문이다. 오히려 우리는 여성, 성소수자, 그리고 가족과 육아의 문제를 폴리아모리적인 관점으로 논의하면서 폴리아모리가 사회를 무너뜨리는 것이 아니라 더 깊이 성숙시킬 역할을 할 것이라고 주장할 것이다.

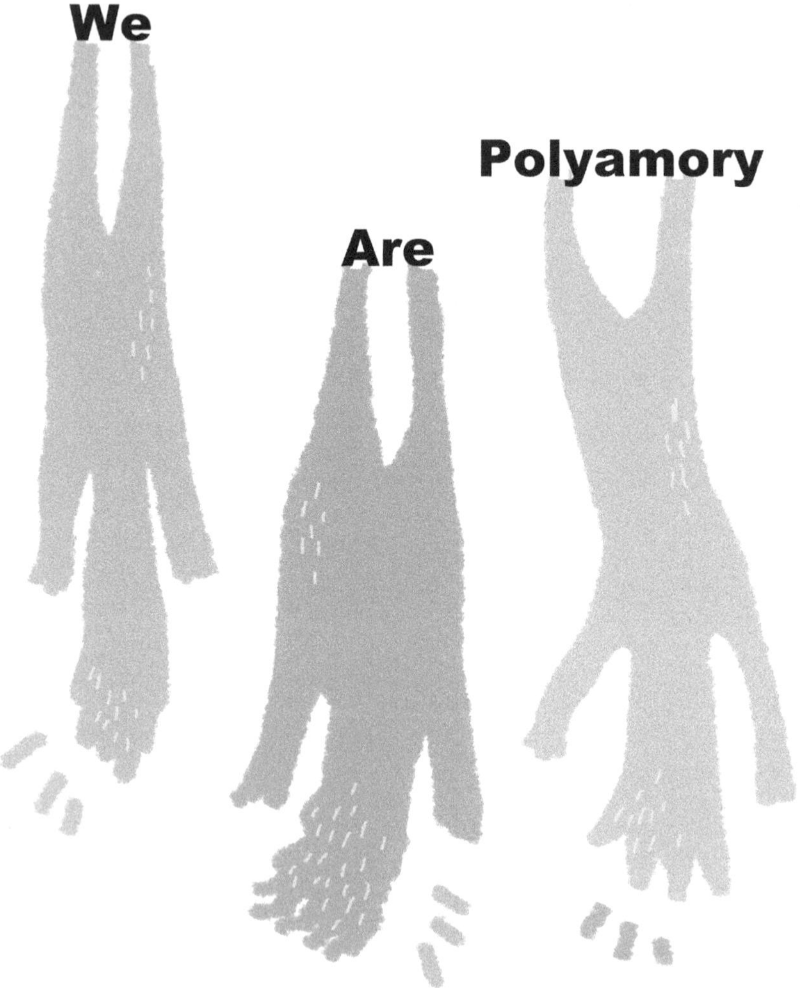

We
Are
Polyamory

#1. 국내에서 폴리아모리의 흐름

국내의 폴리아모리들에게는 역사가 없다. 폴리아모리라는 말이 1990년 미국에서 창안되었다는 점을 생각해 본다면 이것은 당연한 결과일지도 모른다. 한국 사회 어딘가에서 자유로운 사랑과 섹스를 위한 공동체들이 존재했었다고 들려오기는 한다. 최근에는 트위터를 중심으로 난교 파티들이 이루어지는 경우도 볼 수 있다. 그러나 기존의 모노가미 형태에 대응하는 도발적인 상상력과 도전 정신은 분명 존재했을지 몰라도, 그것이 충분히 안정적으로 운영되어 공식적인 흔적을 남기지는 못한 것으로 보인다.

21세기, 인터넷과 스마트 기기의 급격한 발달을 거치면서 한국은 과거에 비하여 사상, 표현, 행위에 대한 훨씬 많은 자유를 획득하게 되었다. 집단 내에서 진리처럼 믿어지고 있는 말들을 개인은 의심 없이 받아들이게 되고, 때로 개인이 집단과 충돌할 때면 집단을 위해서 개인을 희생해야만 했던 집단주의적 문화는 끝났다. 이제 비로소 서구의 개인주의는 충분한 수준으로 유통되었고, 타인의 차이에 대해 관용적인 태도를 보이기 시작했으며, 한편으로 어느 누구도 침범해서는 안 되는 '나'의 영역을 공고화했다. 이 흐름을 타고 폴리아모리는 국내에서 조금씩, 일종의 정치적 노선을 구축하기 시작했다. 이는 트위터, 페이스북, 인스타그램, 그리고 여타의 SNS들을 통해서인데, 즉 이제 사람들은 자신의 정체성들을 나열하고 선언했던 것이다.

"Pansexual/Multigender/Ze/Feminist/Anti-TERFs/Polyamory/Veganist⋯⋯" SNS를 유영하다 보면 이러한 형태의 수많은 정체성들로 수식한 자기소개를 올려놓는 사람들을 쉽게 목격할 수 있다. 그리고 여기서 '폴리아모리'도 그중 하나의 정체성으로 이해되고 있다는 사실에 주목해 볼 필요가 있다. 지금 폴리아모리들이 사회 내에서 가시화되기 위해 움직이고 있는 이유는 무엇일까, 아니 움직여도 좋은 이유는 무엇일까. 어쩌면 그것이 해방의 수단이든 논쟁의 수단이든 간에, 폴리아모리라는 개념을 대중이 이미 요구하고 있는 것은 아닐까. 만일 실제로 대중의 욕망이 변화한 것이라면, 그 변화의 기제는 무엇일까. 사실 폴리아모리가 소개되는 시점부터 한국 사회는 가족과 공동체, 성과 사랑에 대해서 여태까지와는 차원이 다른 이해를 구해야만 하는 처지에 놓인 것이나 다름없는 것이다.

끊임없이 중심성 안으로 봉합하려는 이데올로기 아래에서 폴리아모리들은 자신들의 자유를 놓치 않고 차라리 주변부를 맴도는 삶을 택했다. 대중의 욕망이 변화했고 정보통신의 발달을 따라 시대가 완전히 변화했기 때문에, 주변부를 맴돌던 우리에게 언제부턴가 빛이 한 줄기 들어왔다. 그 빛 덕분에 현재 우리는 함께 맴돌고 있던 다른 사람들을 발견할 수 있고, 그들과의 공통점과 차이점을 찾아내어 분석할 수 있으며 그러므로 연대할 수 있다. 특히 앞에서도 볼 수 있었듯이 폴리아모리는 주로 성소수자와의 정체성 운동과 유사한 차원에서 언급되고 있는 편이다. 누군가는 이렇게 묻는다. 폴리아모리는 성소수자인가?

#2. 폴리아모리는 성소수자인가?

성소수자들의 정치판에는 크게 두 가지 흐름의 운동이 있다. 자신에 대한 자유로운 선언과 가시화를 중심으로 한 정체성 운동과, 역으로 정체성 자체의 혼란과 해체를 지향하는 퀴어 운동이 그것이다. 이때 정체성 운동은 다수적 권력의 차별에 저항하며 하나의 개인으로서 권리가 존중되기를 전제하는 운동인 반면, 퀴어 운동은 어떤 권력도 개인도 결코 완전한 대상이 아니며 언제나 균열을 내재한다는 인식으로부터 출발한다. 현재 한국에서는 정체성 운동이 헤게모니를 잡고 있고, 폴리아모리 또한 이와 유사한 방식으로 이해되고 있다. 따라서 우리는 국내의 폴리아모리 역시 일종의 정체성 운동으로 연결 지을 때 비로소 그것의 정치적 역량을 파악할 수 있을 것이다.

3장에서 살펴보았듯이 우리가 모두 존재론적으로 이미 폴리아모리라는 점에서, 굳이 사회적으로 호명되는 폴리아모리에 집착하는 것은 의아해 보인다. 그러한 차원에서의 폴리아모리는 모노아모리와 모노가미에 구분되는 것으로서의 사회문화적 정체성을 의미한다. 이 둘의 현실적인 차이는 어쩌면 '자신이 폴리아모리라고 커밍아웃을 하였는가'의 여부로 정리될 수 있다. 즉 특정하게 대적할 만한 권력이 없다는 점에서 자신이 존재론적 폴리아모리임을 커밍아웃할 필요는 없지만, 사회의 권력으로 상정되고 있는 모노아모리에 대적하기 위해서 폴리아모리라는 이름을 선언하는 것은 유의미하다. 말하자면 폴리아모리는 정체성으로 기능할 경우 그것은 일종의 사회문화적 구성물인 것이다.

성소수자가 동성애자와 동의어가 아니라는 점은 널리 알려져 있다. LGBT(Lesbian Gay Bisexual Transgender) 그리고 여타 수많은 지향과 정체성들을 포함하여, 성소수자의 유형은 너무도 다양하다. 어쩌면 성소수자의 개념 자체가 계속 변화해 왔고 변화해 갈 것이기 때문에, 아무리 노력하더라도 명확한 영역 구분을 해낼 수 없을지도 모르겠다. 그렇다면 이제 질문은 폴리아모리도 성별 정체성 또는 성적 지향성에 의하여 성소수자에 포함될 수 있는지의 여부로 향하게 된다.

성별 정체성이란 스스로가 남성, 여성, 또는 그 두 가지의 구분으로는 이해될 수 없는 성에 해당하는지 그렇지 않은지에 대하여 개인이 갖거나 갖고자 하는 인식을 의미한다. 성별 정체성은 주로 생리학적인 성차 구분인 섹스Sex, 그리고 섹스를 포함해서 자기 스스로나 사회에 의해 부여되는 성적 표현Gender Expression과 성적 특성Gender Characteristic 등을 포괄하는 젠더Gender로 구분된다. 섹스는 신체 내부와 외부에서 생식을 위한 기관들과 성호르몬의 특질 등을 기준으로 하여, 태어나는 순간부터 지정되는 명칭이다. 이 구분에는 크게 남성, 여성, 간성이 있다. 다음으로 젠더는 대개 이러한 섹스에 기준을 두고 본인이 느끼거나 지향하는 젠더와 일치하는지의 여부로 구분되는 정체성이다. 젠더가 섹스와 일치한다면 시스젠더Cisgender, 일치하지 않는다면 트랜스젠더Transgender, 그리고 그런 구분들만으로는 자신의 젠더를 설명할 수 없거나 아니면 아예 설명하지 않으려는 다양한 사람들에 대해서는 논바이너리Non-Binary 또는 젠더퀴어Gender Queer라고 부를 수 있다.

한편 성적 지향성이란 어떤 성 또는 그 유형에 대해서 느껴지는 끌림Attraction에 관하여 개인이 갖는 고유한 욕망의 대상을 지칭한다. 이때 끌림의 종류는 대략 4가지로 설명된다. 성적인Sexual 끌림, 감각적인Sensual 끌림, 애정적인Romantic 끌림, 미적인Aesthetic 끌림. 성적인 끌림은 신체적 특징에 대해 동물적으로 끌리거나 성관계의 충동이 드는 느낌을 지칭한다. 감각적인 끌림은 향을 맡고 싶거나 목소리를 듣고 싶거나 머리카락을 만지고 싶거나 하는 오감들에서 느껴지는 끌림이다. 애정적인 끌림은 함께 있고 싶고 친밀해지고 싶으며 때로는 연을 맺고 싶다고 느끼는 끌림이고, 미적인 끌림은 가령 귀여움, 아름다움, 숭고함 따위의 정서를 자극하는 외모나 패션, 분위기를 풍길 때 느껴지는 끌림이다. 예컨대 동성에게 성적 끌림을 느낀다면 호모섹슈얼Homosexual, 이성에게 느낀다면 헤테로섹슈얼Heterosexual, 남녀 양성에게 성적 끌림을 느낀다면 바이섹슈얼Bisexual, 성별의 특징과 무관하게 모두에게 성적 끌림을 느낄 수 있다면 판섹슈얼Pansexual, 어떤 성별에 대해서도 성적 끌림을 느끼지 않는다면 에이섹슈얼Asexual이라 부른다. 더 세부적인 이름들도 존재하지만 여기까지만 소개해도 좋을 것 같다. 성적 끌림 외에도 앞서 나온 감각적인 끌림, 애정적인 끌림, 미적인 끌림 역시 이러한 수식들로 지칭할 수 있다.

그렇다면, 위와 같은 성소수자의 구분에 폴리아모리도 속한다고 말할 수 있을까? 성소수자가 성적 정체성과 성적 지향성이라는 질적 문제인 것과 달리, 폴리아모리는 온전히 개방성 또는 다수성이라는 양적 문제인 것처럼 보인다. 즉 지금까지의 성소수자 개념은 특정 젠더의 특정 젠더에 대한 다층적인 정서들을 다루는 것이었지만, 폴리아모리라는 개념은 그 정의상 젠더가 전혀 중요하지 않다. 폴리아모리는 관계의 성격이 독점적인

가 비독점적인가가 기준이 되는 항목이다. 말하자면 성적인 일련의 개념들과는 무관하게, 폴리아모리는 다수를 받아들일 수 있다는 정체성을 가지며, 상대를 독점하지 않는 지향성을 가질 뿐이다.

요컨대 기존까지 이해된 성적 정체성과 성적 지향성의 범주로 성소수자를 바라볼 경우 폴리아모리는 성소수자가 아니다. 끌림의 문제에서, 특히 성적이거나 애정적인 끌림에서 독점성을 전제하는가의 문제는 그저 더 심화된 주제 정도로만 남아 있다. 그러나 여기서, 최근 성소수자 개념의 확장에 주목해 볼 필요가 있다. 성소수자의 문제에 있어서 수많은 개념들이 수입되면서 이제 그것은 1차적인 측면과 2차적인 측면으로 나뉘었다. 앞서 언급한 성적 정체성과 성적 지향성은 1차적인 측면에 속한다. 반면 관계의 복잡한 성질들과 양상들은 2차적인 측면에 속한다. 가령 끌림을 느끼지 못해도 관계를 맺고 싶어 하는 사람들은 쿠피오Cupio, 친밀한 사람에게만 끌림을 느끼면 데미Demi, 낯선 사람에게만 끌림을 느끼면 프레이Fray, 짝사랑을 지향하는 리스Lith 등으로 수식 가능하다. 혹자는 폴리아모리가 바로 이 복잡한 끌림의 양상들 중의 하나라는 것에 의하여 성소수자에 포함된다고 주장하기도 한다.

폴리아모리로 정체화한 사람들은 모노아모리 담론이 지배적인 세계에서 소수자로서 살아간다. 다만 그들이 성소수자인가, 하고 묻는다면 아직은 논쟁적이다. 그러나 그것이 그렇게 중요한가 다시 생각해 볼 필요가 있다. 소수자 철학에서 '작전상 구성주의'라고 부르는 지점이 있다. 특정 영역 안에서 배제될 수 있었던 다양한 존재들도 영역 안으로 들어와서 함께 운동을 할 수 있다면, 전선은 더욱 넓어지고 다양해지면서 그 역량이 강해질 것이라는 생각이다. 즉 전략적으로 폴리아모리들은 성소수자에 포함된다고 주장할 수 있고 그 운동에 가담할 수 있으며, 그럴 경우 폴리아모리의 유입은 모노아모리의 경험과 감수성이 전제되는 운동보다 훨씬 더 풍부한 상상력으로 움직이게 만드는 촉진제가 될 것이다. 그리고 무엇보다, 배제에 대하여 저항하고자 하는 성소수자가 자기 집단 안에서는 다른 존재의 유입을 배제한다는 것은 자기모순적일 것이다.

작전상 구성주의의 영토가 구축되면, 그것은 곧 해체된다. 영토는 뭉쳤다 다시 풀어졌다를 반복한다. 모든 구성적 운동은 이러한 한계를 직시할 필요가 있다. 처음에는 다양한 존재들이 모여서 함께 목소리를 내게 되지만, 그것이 극에 치달으면 모두 다양해지면서 내파한다. '내파implosion'는 프랑스의 사회학자 보드리야르Jean Baudrillard가 제시한 분석으로, 공동체 내에서 처음에는 긍정적이었던 차이의 증식이 극단화될 경우 공동체를 스스로 파열시키는 원인이 되곤 하는 사태를 설명하기 위한 개념이다. 그것은 본래 핵물리학적 용어로 '폭발'과 대비되는데, 즉 폭발은 밖으로 터져나가는 반면 내파는 안으로 터지기 때문에 주변의 모든 에너지를 흡수해 버린다. 가령 보드리야르는 68혁명이 휩쓸고 지나간 이후의 프랑스 시민들의 모습을 무기력증으로 설명한다.

지금껏 지하에서 끓고 있었던 성소수자 운동이 드디어 솟구쳐 올라 주변으로 흘러나가기 시작했다. 그리고 그러자마자 수많은 존재들과 담론들과 지식들과 이해관계들이 달라붙어 복잡하게 얽히기 시작했다. 그중 어떤 지점에서 폴리아모리의 문제가 포함되었고, 그것은 시스젠더 헤테로섹슈얼 유성애자도 받아들인다는 점에서 어쩌면 성소수자 정체성 운동을 내파시킬 하나의 지점이 될지도 모르겠다. 하지만 우리는 우선 그 한계와 위험성을 안고 폴리아모리라는 다양성을 받아들일 수 있어야 한다고 답하고자 한다. 소수자에게 있어서는 영원하고 유일할 것만 같은 사회에 대하여 자신들의 유한한 몸을 던지고 다양성을 제시하는 것만이 가능한 최선의 저항 지점이기 때문이다.

#3. 성소수자 운동에 있어서 폴리아모리의 친밀성

질문을 살짝 틀어서 우리는 이런 질문을 해보자. 왜 폴리아모리는 성소수자에 포함되는 것인지 명확하지 않음에도 어떤 이유로 성소수자의 개념들과 친밀한가. 그것은 바로 폴리아모리도 섹슈얼리티의 한 형태이기 때문이다. 우리는 섹스나 젠더 이외에도 가치관, 믿음, 도덕, 행위, 취향, 관계를 비롯한 일련의 모든 성적인 것들을 총칭하는 섹슈얼리티를 빼놓을 수 없다. 섹슈얼리티란 신체 욕망을 포괄적으로 설명하는 단어이다. 신체적 긴장과 해소라는 쾌락 원칙에 따라 갖게 되는 모든 정신적, 정서적, 감각적 욕망들을 우리는 섹슈얼리티라고 한다. 성소수자는 섹스나 젠더의 문제가 필수적이지만 동시에 그 자체로 섹슈얼리티이기도 하다. 폴리아모리는 섹스나 젠더의 문제가 필수적이지 않지만, 섹슈얼리티인 것은 분명하다. 즉 폴리아모리와 성소수자의 친밀성은 한 개념이 다른 개념에 부분집합으로 종속됨으로써 발생하는 것이 아니라, 두 개념이 모두 소수적 섹슈얼리티라는 점에서 공명하고 있다는 데서 발생하는 것이다.

소수적 섹슈얼리티? 결국 양자 모두 다수적 섹슈얼리티를 향한 저항이 가능하다. 다수적 섹슈얼리티에는 많은 얼굴들이 있다. 이성애중심주의, 일부일처제, 가부장제, 그리고 우리가 아직 인식하지 못한 채 진리처럼 받아들이고 있는 숨겨진 정상성들. 한마디로 성소수자와 폴리아모리는 저항의 대상이 공통적인 것이다. 무엇보다 이것은 우리만의 문제가 아니다. 소수적 섹슈얼리티로서 공명하고 있는 것들에는 이외에도 BDSM, 페티시즘, 관음노출 등 흔히 도착증으로 분류되었던 것들이나 소아성애, 근친상간 등과 같이 범죄로 분류되는 것들에 이르기까지 다양한 것들을 포함할 것이다. 이것들은 소수적 섹슈얼리티이지만 아직까지 의학적이거나 법학적으로 문제적인 지점들에 해당한다.

폴리아모리 또한 여태까지는 위와 같은 것들과 유사하게 윤리적으로 그리고 법적으로 문제적인 지점이었음에도 이제는 그 혐의를 벗어 가고 있다. 그것은 자유로운 사랑과 성이라는 담론의 영향이 크다. 근대 이후 사랑과 성은 상당히 깊이 있게 관심받아 온 주제였고, 그로 인하여 모노가미라는 사회적 전제를 벗어난 사랑을 꿈꾸는 사람들에게는 소수적 성에게 주어진 억압이 꾸준히 부당하게 보였을 것이다. 그리고 그렇게 생각하는 사람이 점점 많아지고 있다. 결과적으로 성적 자기 결정권이 현대 한국 사회의 핵심적인 흐름으로 자리 잡았다. 여기가 중요하다. 즉 지금 여기에서 폴리아모리와 성소수자 사이의 커다란 교집합을 형성할 수 있는 이유는 바로 관계망 형성에 있어서 사랑과 성의 해방을 다루고 있다는 점에 있는 것이다.

실제로 2017년 콜롬비아에서는 남성 동성애자 3명이 세계 최초로 공식적으로 법적 절차를 밟아 결혼하게 되었다. 그 혼인자들 중 한 명인 배우 우고 프라다에 따르면 "다른 모습의 가정도 존재한다는 사실을 법적으로 인정받은 것"이었다. 즉 조금은 다르지만 틀리지 않은 자들이 지금 여기에 존재한다. 그리고 그러한 사실로 인해 차별받지 않기를 바란다. 국내에서도 이러한 움직임이 일어나고 있고, 지우도 그중 하나이다. 지우는 '포괄적 차별금지법'의 제정을 추진하고 있다. '포괄적 차별금지법'이란 헌법이 규정하고 있는 인간의 존엄과 평등의 이념을 실현하기 위해 성별, 장애, 병력, 나이, 언어, 출신 국가, 출신 민족, 인종, 피부색, 출신 지역, 출신 학교, 용모, 신체 조건, 혼인 여부, 임신, 출산, 가족 형태나 가정 상황, 종교, 사상, 정치적 의견, 전과, 성적 지향성, 성적 정체성, 학력, 고용 형태를 비롯한 문제들로부터 합리적인 근거 없이 이루어지는 차별을 금지하고 예방 및 구제하는 법이다. 지우는 개인이 어떤 존재 방식을 채택

하든 문제되지 않을 수 있는 인권을 보장받는 것이 중요하다고 생각하는 리버럴리스트이기 때문에 이러한 법의 제정에 찬성한다.

'포괄적 차별금지법'에 대한 논의들은 이러한 지우의 요구를 어느 정도 충족시켜 주지만, 그 영역에 '프리러브'와 '프리섹스'가 포함되지 않는다는 사실에 안타까워한다. 평소 지우는 자신이 사랑과 섹스를 무한하게 즐기고자 한다는 사실을 어필한다. 지우와 유사하게 수많은 성소수자들이 자유로운 사랑과 성에 대해 긍정적으로 바라보는 편이다. 미국에는 게이들이 높은 확률로 제약 없는 성생활을 하고 있다는 조사 결과가 나온 논문도 있다고 한다. 그 이유는 그들이 자신의 쾌락을 비밀스럽게 추구할 수 있도록 음지에 존재했기 때문이기도 하고, 뿐만 아니라 자신의 욕망과 쾌락에 대해 상대적으로 많은 고민과 이해를 거친 자들이기 때문이기도 하다. 대다수의 사람들이 당연한 상식에 기준을 두고 그 안에서 자신의 욕망과 쾌락을 더듬어 나가는 반면, 소수성을 추동하는 기준은 상식이 아닌 욕망에 있다. 그 결과 성소수자들은 폴리아모리와 많은 접점이 있게 된 것이다.

그러나 여전히 젠더에 방점이 찍혀 있느냐 그렇지 않느냐에 있어서 성소수자와 폴리아모리 간의 논쟁들은 발생하기 마련이다. 2장에서 살펴볼 수 있었듯이, 실제로 많은 수의 폴리아모리들이 끊임없는 젠더적 충돌을 겪게 되고, 그것은 곧 젠더의 무의미성으로 귀결된다. 젠더가 욕망을 규정하는 어떤 하나의 기준이 될 수는 있지만, 유일한 기준은 되지 못한다. 즉 성소수자는 필수적으로 젠더를 요청하는 반면, 폴리아모리는 개념 자체로 볼 때 '젠더 무법자'에 가깝다. 이는 여성 운동에서 폴리아모리들의 전선 역시 상상할 수 있게 만든다.

#4. 여성 운동에 있어서 폴리아모리의 친밀성

모노가미 즉 일부일처제는 안정적인 가정의 구축과 이를 통하여 다음 세대를 정상적으로 양육할 터전을 마련하는 데에 유리한 법적 제도였다. 하지만 여성은 더 이상 아이를 낳는 기계가 아니다. 그렇다면 우리에게 모노가미는 필요한가. 다른 방식의 결혼 제도는 없는가. 우리에게는 독신으로부터, 사실혼, 시민 결합, 폴리피델리티, 그리고 여타 수많은 공동체들이 충분히 가능하다는 것. 페미니스트의 역사에서도 그리고 폴리아모리의 역사에서도 결코 빼놓을 수 없는 위인인 보부아르가 살던 시절부터, 여성운동은 이렇게 여성의 수단화에 대한 저항적 문제의식으로부터 폴리아모리와의 접점을 지니게 되었다.

그러나 점차 그런 시대적 흐름이 지나가고, 이제는 여성이라는 정체성에 대한 의문들이 조금씩 제기되기 시작한다. 따라서 오늘날, 폴리아모리는 젠더에 균열을 내는 일종의 수행성이 되었다. 현존하는 페미니스트인 케이트 본스타인Kate Bornstein은 이러한 수행성들을 실천하는 자신을 젠더 무법자Gender-outlaw 라고 부른다. 젠더 무법자는 젠더를 규정하거나 사용하지 말자고 주장하는 것이 아니다. 그보다는 젠더와 그것의 법적 능력을 일종의 가면과 유희로 사용하자는 것이다.

"어떤 사람들은 내가 젠더 없는 세상을, 즉 왠지 지루하고 무채색인 세상을 원한다고 생각한다. 그러나 그것은 내가 살아가는 방식과는 매우 거리가 있다. 나는 젠더로 유희하는 것을 정말로 좋아하고, 젠더가 들어갈 수 있는 온갖 명암과 정취에 타인이 들어가 유희하는 것을 볼 수 있기를 바란다. 나는 그저 우리가 너무나 오랫동안 유지해 온 것에 의문을 제시하고 싶을 뿐이다. 나는 젠더의 실존을 의심하고 싶고, 그 의심이 문화적 직조물에 틈을 내기를 몹시 바란다." (본스타인, 『젠더 무법자』 중에서)

본스타인은 문화적 직조물에 틈을 내는 방법으로 젠디 공연 Gender performance, 지배와 복종Dominant&Submission, 비모노가미 모델Non-monogamous model이 있을 수 있다고 덧붙인다. 젠더를 공연하는 일은 젠더라는 것 자체가 얼마나 유희적이고 허구적으로 드러날 수 있는가를 보여주고, 지배와 복종은 BDSM 플레이어들 내부에서 권력적 관계가 극대화될 때 얼마나 젠더가 부차적인 것인지를 보여주며, 비모노가미 모델은 양적 관계가 극대화될 때 젠더의 문제가 얼마나 충돌되는 일인지를 보여준다.

본스타인에 따르면 지금까지 가부장제의 핵심이 젠더를 규정하고 그 젠더가 해야 할 일과 해서는 안 될 일을 구분짓는 데에 있었기 때문에, 여성운동 역시 바로 그러한 지점들에 저항하고 균열을 일으키는 데에 있어야 할 것이다. 그러므로 우리는 연극을 포함한 예술가들, BDSM 플레이어들, 나아가 폴리아모리까지, 공통의 전선에서 여성운동을 진행할 수 있으며 또한 이미 어느 정도는 진행하고 있는 것으로 보인다. 물론 최근에는 여성운동을 위한 공동체들 역시 조금씩 내파되기도 하는 추세이기 때문에 이를 섣부르게 진단할 수는 없겠지만, 적어도 위와 같은 근거들로 여성운동에 유용하게 맞물리는 지점들이 있는 것은 분명하다.

#5. 육아의 문제

폴리아모리의 관계는 안정화된 육아 모델을 보장받지 못하는 것 아니냐는 걱정을 많이 받는다. 하지만 우리가 안정화된 육아 모델이라고 생각하는 2인 양육 체제 즉 핵가족은 한국에서 비교적 최근 유행하게 된 가족 모델에 불과하다. 심지어 오늘날에도 대한민국에서 조부모와 그 외 혈연을 포함하여 동거하는 가정을 적잖이 볼 수 있다. 조부모, 부모, 자식의 대가족 형태가 아니더라도 사촌과 객식구 등과 함께 사는 집들도 존재한다. 이런 가족 형태에서 직접적인 육아의 부담은 반드시 아이를 낳거나 입양한 두 부모의 것만은 아니다. 폴리아모리 육아를 비난하는 몇몇 사람들은 2인 파트너십의 육아가 아니면 심대한 문제라도 발생할 듯 말하는 경우가 많은데, 실제로 한국의 가족 공동체 모델은 육아에 대한 책임도 이미 여럿이서 나눠 부담하고 있었던 것이다.

이혼율의 증가, 싱글맘의 존재, 인구 고령화 등의 조건을 맞아 가족 내 육아 책임의 범위, 그리고 국가와 공공기관의 육아 책임 등 우리는 더 다양하게 육아 문제를 생각해야 함에도 불구하고 폴리아모리에 대한 직관적인 육아 관련 비난들은 그 어떤 지점들도 제대로 고려하고 있지 않다. 오히려 무책임한 가족 정상성을 내세우며 다양한 문제를 은폐한다. 만일 결혼한 2인의 파트너십이 아니라서 아이의 성장에 큰 문제가 있을 것처럼 이야기한다면, 당장 싱글맘 또는 조부모나 다른 가족을 통해 키워지는 자식들은 행복한 성인으로 성장할 수 없다고 비판하는 것과 조금도 다르지 않다.

결국 육아에 있어서 핵심적인 것은 육아 담당자와 아이의 관계일 뿐이다. 관계하는 과정에서 무엇을 서로 학습하고 어떤 성장을 경험할 것인가가 중요하다. 아이들이 여러 명의 육아 담당자를 겪게 되면 혼란스러워할 것이라고 말하지만, 대부분 혼란스러워하고 있는 것은 기존 고정관념에 부합하는 환경에서 자라온 기성세대이지 앞으로 태어날 새로운 세대가 아니다. 『21세기 폴리아모리』에서 증언되는 외국 사례들의 경우 폴리아모리가 육아에서 문제를 겪는다면 그것은 오히려 제도적인 부족함과 사회적 인식의 한계 때문이다. 말하자면 폴리아모리 부모들을 둔 자식들은 그들의 부모들이 계속 "새로운 향수 냄새를 몸에 묻히고 돌아올 때 좀 난감함"을 느끼기도 하지만, 본인들의 삶이 갖는 어려움이 폴리아모리 관계 자체로부터 기인하는 것이 아니라고 단호하게 말한다. 오히려 문제가 되는 것은 사회적 시선과 따돌림이다. 일반적이지 않은 가족 형태에 대해 학교 친구들이 이질감을 갖고 무례한 질문을 한다든가 직접적으로 부정적인 표현들을 던지게 되는 일들이 가장 감정적으로 힘든 부분으로 꼽힌다.

물론 폴리가미가 인정되지 않는 경우에는 법적 지위에서의 문제도 발생하기 마련이다. 즉 폴리피델리티 구성원들이 서로에게 법적으로 유효한 관계를 평등하게 가질 수 없다는 것이다. 세 명이 파트너십을 맺는다면, 한 명과는 결혼 관계이지만 다른 한 명과는 법적으로는 별로 유효하지 않은 단순 연애 관계여야 한다. 이런 경우 명시적 불균등함이 발생하여 폴리피델리티 구성원 모두에 온전히 육아 관계의 법적 권리가 보장되지 않는다.

위처럼 인식이나 제도에 있어서 폴리아모리가 갈등을 만드는 지점이 있다고 하더라도, 역으로 육아를 하는 과정에서 유리한 조건을 갖는 측면도 분명 존재한다. 폴리피델리티는 무엇보다 다수의 경제적 역량을 가지고 있다는 장점이 있다. 또한 열린 관계로부터의 자유롭고 풍요로운 마음가짐을 학습할 수도 있을 것이다. 열린 형태의 폴리피델리티는 관계에서의 허브가 되는 중심적 공동체를 설정하는 동시에 무한한 사랑의 관계를 이해할 수 있다는 점에서 긍정적이다. 관계의 다양함을 수용하고, 사랑의 자유로움에 대해 경험하고, 불필요한 죄의식을 발전시킬 필요가 없다는 것을 아이는 배워나갈 수 있는 것이다. 물론 폴리아모리 육아에 관하여 보다 직접적인 연구가 이루어지지 않았기 때문에 더 구체적인 이야기를 나누기에는 한계가 있다. 그러나 분명한 것은 시대는 변화하고 있으며, 이제 우리는 육아의 공동체적 책임에 대해 다시 성찰할 필요가 있다는 것이다.

#6. 폴리아모리, 모여서 수다를 떨다

폴리아모리라는 주체성이 던질 수 있는 가장 확실한 메시지는 삶에서 겪게 되는 관계들이 우리가 보편적 언어로 포착하는 양상보다 훨씬 더 다양하다는 것이다. 그래서 폴리아모리에게 있어서 관계에 대한 창조적 상상력은 매우 중요한 역량이다.

세상을 적절히 의미화하지 못하고 망상적 세계 안에서 방황하는 정신 상태를 정신분열이라고 부른다. 정신분열 상태에서 멀어지기 위해서는 의미화된 고정관념들이 필요하다. 그래서 인간은 고정관념과 그것들의 총체적인 프레임을 활용하여 끊임없이 주어진 정보들을 환원시키려는 경향이 있다. 그런 측면에서 어쩌면 고정관념은 삶을 살아가는 데 있어서 필수불가결할지도 모른다. 뇌가 세상을 지각하고 정보 처리를 함에 있어서 의미와 형상을 상황에 따라 적절히 선택해 내지 못한다면 인간은 삶을 효율적으로 살아가지 못할 것이고, 생존에도 큰 위협이 될 것이기 때문이다.

그러나 강한 고정관념들은 동시에 강한 불안증을 유발시킨다. 책상 위에 물건들이 똑바로 놓여 있어야만 한다는 고정관념을 가진 사람은 책상 위에 물건들이 똑바로 놓여 있지 않을 때 강박적 불안을 느낀다. 딱히 꼭 그래야만 하는 이유가 없음에도, 우리 안의 고정관념들은 우리를 끊임없이 안정적이라고 여겨지는 곳에 우리를 구속하려고 만든다. 그리고 이 구속은 강한 불안감을 동반한다. 고정관념으로 점철되어 이루어진 문명이라는 건축물은 소수적인 주체성에 강한 불안감을 갖고 때로는 구속을 위해 공격적으로 반응하기도 한다. 그렇다면 이런 문명을 어떻게 뚫고 나아갈 것인가? "고정관념에 머물지 말고, 더 다양한 결합 방식을 상상하라."

이것은 아마 모노가미 문명의 폴리아모리들이 평생 가져야 할 숙제일 것이다. 문명의 불안한 구속을 이겨내는 힘이 바로 자율적인 관계망에서의 다채로운 상상력에 있다. 문명이 주입하는 죄의식, 질투, 다수적 결합 방식 등을 이용하여 행복을 쟁취하는 것도 분명 좋은 방법이지만 반드시 그것에 부합해야 한다는 생각을 갖는 것은 고정관념일 뿐이다. 관계마다의 특이성이 있을 것이고, 이 특이성을 가장 잘 다듬어 나갈 수 있는 것은 다수적 문명이 아니라 그 관계를 구성해 나가는 주체성들이다. 기존의 주어진 관습이 나를 설명하는 유력한 도구가 될 수 있다면 그것을 우리는 전유하여 이용하면 된다. 하지만 그것이 어렵다면 결국 소수적인 욕망을 가진 사람들은 자율적으로 새로운 도구들을 상상해 낼 수밖에 없다. 그래서 소수자에게 상상력은 생명인 것이다.

좋은 삶은 좋은 살림이 만들어내는 것이다. 한국 사회에 폴리아모리 삶에 대한 유쾌한 잡담회들이 요구되는 이유이기도 하다. 살림을 혼자 꾸역꾸역 해나가기보다는 비슷한 살림살이를 살아가는 사람들과 모여 지혜를 공유해야 더 좋은 살림이 가능하다. 한마디로 우리의 상상력은 관계망에서 나온다. 고립된 개인들로 남기보다는 모여서 삶을 공유하는 폴리아모리 공동체가 만들어질 수 있다면, 상상만으로도 즐거운 일이다.

그래서인지 해외에서는 폴리아모리들이 모여 자신의 삶을 털어놓고 대화하는 총회를 갖기도 한다. 능히 예상하듯 폴리아모리들에게는 솔직하고 섬세한 많은 대화들이 필요하다. 폴리아모리들도 때때로 질투심을 갖기도 하고, 감정적으로 지치기도 하며, 결국 비극적인 결말을 맺기도 한다. 한 번도 학습해 보지 못한 삶의 유형이라면 더 힘든 점이 많을 것이다. 이럴 때일수록 더 많은 이야기들과 지혜들과 경험들이 공유될 필요가 있다. 헬렌 피셔는 자신은 그렇게까지 대화에 물리적으로 많은 시간을 쓸 수 없다며 절대 자신은 폴리아모리를 하지 못할 것이라고 농담을 던진 바 있다. 그만큼 폴리아모리에게 소통은 중요한 것이다. 한국의 폴리아모리들은 더 많이 상상하고, 더 많이 모이고, 더 많이 소통해 나갈 필요가 있다.

#7. 국내에서 폴리아모리 운동의 전망

해외에는 러빙모어라는 거대한 협회가 있다. 하지만 아직 한국에는 그에 비견되는 거대한 단체가 존재하지 않기 때문에, 담론의 활성화를 통하여 크고 작은 공동체들이 만들어질 필요가 있다. 그리고 그 공동체들은 폴리아모리 운동을 결사할 수 있고, 그것은 숨겨져 있던 사람들을 불러내면서 전국적 범위에서 진행될 수 있다. 의미 있는 역사로 기록될 폴리아모리 운동은 아직 구체적으로 그려낼 수는 없겠지만, 그럼에도 우리는 끊임없이 국지적인 저항들을 지속할 수 있다.

단 그 운동이 마르크시즘적 운동으로 귀결되는 것만은 피해야 할 것이다. 쉽게 말해 어떤 권력적 대상을 상정하고 그 권력을 타파하기 위해 운동하는 우를 범해서는 안 될 것이다. 왜냐하면 폴리아모리는 단순히 인간 개인으로서 독존하는 정체성으로써 계급의 힘으로 지속되는 것이 아니라, 3장에서 이야기했던 자연 전체의 본래적인 사랑의 힘으로 지속되는 것이기 때문이다. 우리는 어떤 것과도 이분법적으로 대립하지 않으면서 폴리아모리를 수행할 수 있어야 한다. 톨레랑스, 즉 모두를 관용으로 감싸 안으면서 동시에 우리의 삶을 이뤄나가야 한다. 따라서 폴리아모리의 운동은 파랑/빨강/검정의 무늬로 그려질 수 있다. 파랑은 개방성과 정직성을 상징한다. 빨강은 사랑과 열정을 상징한다. 검정은 이와 같은 수행을 숨기도록 만드는 사회적 압력을 상징한다. 요컨대 우리는 개방적 사랑을 숨기지 않을 수 있는 세상을 만들어나갈 따름이지 어떤 권력자들을 상대로 대립하고자 하는 것은 아니다.

옆의 깃발에서 파이π는 폴리아모리의 첫 글자인 P를 지칭한다. 하지만 이 글자 대신 폴리아모리를 상징하는 기호를 넣을 수도 있다. 다음 쪽의 기호는 하트♡에 뫼비우스의 띠∞가 더해진 것으로서, 한마디로 무한한 사랑을 의미한다. 자연 안에서 사랑은 본래 쉴 새 없이 모두를 향해 상호교환되는 것이며, 도리어 그것을 막아내는 것이 바로 문명의 작용이다. 여기서 우리는 문명에 대적할 필요도 없지만, 문명을 그대로 받아들일 필요도 없다. 원하는 만큼의 수준으로 사랑을 구성해 나가면 된다. 여기에 한계는 없다. 끝없이 연결될 수 있는 사랑과 그 연쇄 과정 내에서의 기쁨이 바로 폴리아모리 존재의 의의가 된다.

우리는 국내 폴리아모리 운동이 어떻게 가능할 것인지 간략하게 살펴보았다. 국내의 정황을 넘어 해외의 기사들이나 삶들에 대해서도 들어보고 싶을 경우, 폴리아모리 사이트(http://www.polyamorysociety.org)나 러브모어 사이트(http://www.lovemore.com)에서 도움을 받을 수 있다.

하지만 아무리 공동체나 법이 폴리아모리를 향한 폭력적 규

범들을 방어해 준다 하더라도, 사실 그 이전에 무엇보다 중요한 것은 폴리아모리들의 실제적인 삶이고 실천이며 수행일 것이다. 우리가 행복한 삶을 누리고 있다면, 그리고 우리가 충분히 별 탈 없이 행복하게 살고 있다는 사실을 타인들도 알게 된다면, 아무도 우리의 행복을 굳이 막으려 하지 않을 것이기 때문

이다. 그렇다면 우리는 폴리아모리로서 어떻게 살아갈 때 더 행복한 삶을 꾸릴 수 있을 것인가. 구체적으로 원활한 폴리아모리들의 삶을 위해서는 어떤 꿀팁들이 필요할까. 마지막에서는 1장에서 만나보았던 폴리아모리의 선배들을 통해 그 방법을 배워보기로 하자.

5장

충돌 없는 폴리아모리를 위한
몇 가지 방법

선택한 사람들

한국에서 폴리아모리 관계를 안정적으로 맺기란 매우 어려운 일이다. 수많은 선입견과 편견을 헤쳐 나아가야 하며, 실제 상황에서 상대방으로부터 공감받기도 어렵다. 폴리아모리로 살아가기로 했어도 결국 좌충우돌해야만 하는 것은 어쩔 수 없어 보인다. 우리는 5장에서 여태 인터뷰했던 폴리아모리들이 전하는 삶의 조언들을 종합하여 '꿀팁'들을 정리해 봤다.

같은 세계라도 항상 새롭게 봄을 중요시하는 발견주의, 사랑의 범위를 확장시킬 상상력을 제공하는 생태주의, 안정성을 효율적으로 쟁취하도록 도움을 주는 합의주의, 삶의 살림에 집중하는 구성주의, 우리의 고유한 주체성을 바라보게 해주는 실존주의, 뻔한 구조로부터 탈주할 수 있게 도움을 주는 해체주의, 새로운 배치를 횡단할 것을 조언하는 포스트구조주의. 우리는 이러한 생각의 경향들을 가져와 폴리아모리로 살아가는 방법을 고안해 본다.

한 가지 확실한 것은 우리가 제안하는 이 팁들은 절대 폴리아모리적 관계에 국한하여 도움이 되는 것은 아니라는 점이다. 철학 사유들 대부분 그러하듯이, 아마 우리가 제안하는 팁들은 응용할 여지가 많을 것으로 기대한다. 반면에 이 팁들은 절대적이지 않다. 중요한 것은 실제 겪게 되는 특수한 흐름들을 직접 구성해 나가면서 얻게 되는 지혜들이다.

5장은 앞서 폴리아모리의 문턱을 서성이던 사람들이 그들만의 방법을 찾아 새로운 삶을 꾸려나가는 이야기들이다. 이 이야기들은 어쩌면 앞으로 우리가 새롭게 마주치게 될 삶들이다. 폴리아모리들과 함께 살게 될 사회를 위한 일종의 예고편이 될지도 모르겠다. 폴리아모리로 살아가겠노라 선택한 사람들의 이야기를 경청해 보자.

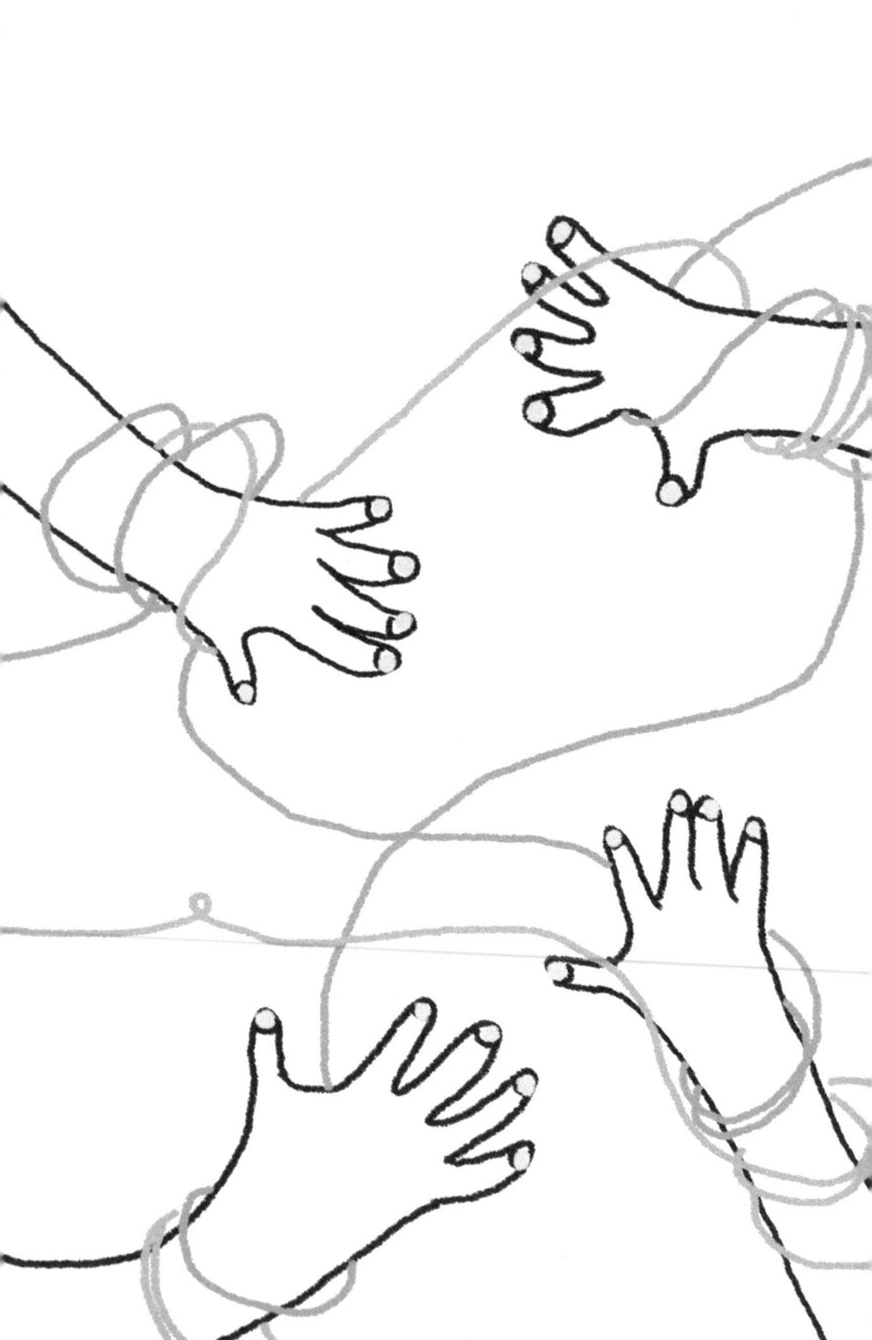

#1. 모노아모리도 폴리아모리를 할 수 있다!: 발견주의

어떤 사람들은 이렇게 말한다. "곰곰이 생각을 해보면 폴리아모리가 옳다는 것을 알겠지만, 적어도 제 성향은 모노아모리인 것 같습니다." "폴리아모리를 꼭 해보고 싶습니다. 하지만 애인이 그렇게 행동하는 것을 보면 어쩔 수 없이 질투가 나는걸요." "제 배우자에게 폴리아모리에 대해 이야기해 보았는데 너무나 싫어합니다." 하지만 기억하는가. 자연은 본래 모두가 폴리아모리이다. 인간 문명이 그 위에 살포시 모노아모리를 얹어놓고는 그것이 절대적인 양 기만해 왔을 뿐이다. 이 말은 역으로 모노아모리 성향을 가진 사람들 또한 너무나 쉽게 폴리아모리로서 살아갈 수 있음을 의미한다. 시온은 그 방법을 터득하였기 때문에 원만한, 아니 너무나 만족스러운 결혼 생활을 꾸려나가고 있다.

시온은 요즘 들어 사람들에게 자신을 폴리아모리라고 소개하는 일에 재미를 느낀다. 그는 더 이상 자신을 구속하지 않고, 물론 아내를 구속하지도 않는다. 이제는 어떤 만남이 왔을 때 그것이 사랑이 아니라고 부정하지 않는다. 동시에 그것을 사랑이라고 규정하려 하지도 않는다. 시온은 자신에게 어떤 흥분을 주었던 낯선 순간들을 그저 '어떤 흥분을 주었던 낯선 순간들'로 받아들이고, 그것을 정의하기 위해 골머리를 앓지 않는다. 매일 시온의 꽃가게를 찾아오던 연주가 언제부턴가 말도 없이 떠나버리긴 했지만, 그리고 그렇게 하나의 가능성이 떠난 이후로 또 다른 가능성이 찾아오는 일들은 단 하나도 없었지만, 어떻든 간에 시온은 폴리아모리로서 너무나 재미있는 삶을 살고 있다.

시온이 폴리아모리로 살 것이라고 선언한 일은, 처음에는 시온의 아내에게 너무나 이상하고 괴로운 것이었다. 왜냐하면 아내는 시온이 자신 이외의 다른 즐거움을 가진다는 것에 조금의 열등감을 느꼈기 때문이다. 하지만 이러한 갈등은 오래가지 않았다. 시온의 변화에 있어서 핵심은 바로 아내에 대한 태도였기 때문이다. 시온은 매일 밤 가게 문을 닫고 집에 돌아갈 때마다 매번 다른 종류의 꽃송이를 들고 가 아내에게 선물해 주었다. 어떤 꽃을 들고 있느냐에 따라서 아내의 표정도 달라졌고, 전체적 배치도 달라졌기 때문에, 시온은 아내가 다른 사람 같다는 생각이 들었다. 아내를 다른 사람이라 생각하자마자 애정의 방식과 정도도 완전히 달라졌다. 하루는 부드럽게, 하루는 거칠게, 하루는 차갑거나 뜨겁게 사랑할 수 있었다.

"제가 폴리아모리에 입문하는 사람들에게 추천하는 방법은, 한마디로 한 사람을 여러 사람인 것처럼 인식하는 거예요. 사실 몇몇 친구들은 그게 모노아모리랑 다른 게 뭐냐고 따지곤 해요. 하지만 그건 편견이죠. 누가 뭐라든 간에, 제가 사랑하는 대상을 남들은 결코 규정해 줄 수 없다고 생각해요. 저는 다양한 측면들을 지닌 아내 하나를 사랑하는 게 아니라, 아내가 보여주는 사람들 여럿을 각각 사랑하는걸요." (시온, 37세)

누군가를 하나의 개인으로 환원하고 하나의 정체성으로만 바라보려는 것은 근대의 효율성을 추구하는 권력이 남긴 최고의 유산이다. 우리는 특정 영역을 딱 잘라 '여기부터 여기까지가 한 사람이다'라고 생각하고, 그렇게 잘라낸 '한 사람'에 대하여 그가 남자인지 여자인지 착한지 나쁜지 빨간지 파란지 분류한다. 하지만 오늘 남자인 사람도 내일 여자일 수 있고, 어제 나쁜 사람도 오늘 착한 사람일 수 있음을 간과해서는 안 된다. 그 사소한 간과가 사랑에서의 지루함을 유발하고 결국에는 이별을 낳곤 한다. 시온이 결혼 생활에 대해서 끊임없이 무료함을 느꼈던 이유 또한 바로 아내를 그렇게 동일한 정체성으로 환원하여 바라보았기 때문이었던 것이다.

시온에게 고정적인 정체성을 허물기 가장 쉬운 기술은, 바로 연극이었다. 시온은 아내가 조금 도도하고 섹시해 보이는 날이면 아내를 고양이라고 불렀다. "오늘은 당신이 고양이처럼 보여." 처음에 아내는 "헛소리하네."라며 시온에게 핀잔을 주었다. 하지만 시온이 하루 내내 고양이라고 부르자, 아내는 은연중에 조금 더 도도해 보이려는 노력을 보이기도 했고, 때로는 함께하는 놀이처럼 "야옹."이라 말해 주기도 했다. 시온은 그럴 때마다 이루 말할 수 없는 낯선 설렘을 느꼈다. 한마디로 아내의 새로운 모습들을 발견해 가는 것이, 바로 시온이라는 사람의 폴리아모리였다. 시온에게 아내는 결코 한 명이 아니었다. 매일 다른 아내와 살게 된 시온은 의자왕이 부럽지 않았다.

　우리의 뇌는 감각으로 들어온 수억 개의 정보들 중에서 중요한 정보 이백여 개만을 효율적으로 선별하여 인식한다고 한다. 시시각각 급변하는 정보들을 우리의 뇌가 모두 파악하기 위해서는 너무나 많은 에너지를 소모하게 되기 때문이다. 하지만 에너지 소모를 언제나 아끼려다 보면, 뇌는 나이가 들수록 퇴화되어가는 법. 가변적인 정보들을 받아들이지 않으려는 사고 습관이 고정관념을 만들고, 편견을 만들고, 꼰대를 만든다. 우리가 조금만 더 예민하게 순간순간의 맥락들에서 생산되는 미세한 차이들을 파악하고자 한다면, 모든 익숙했던 존재가 끊임없이 낯선 존재처럼 다가올 수 있을 것이다. 이를 철학에서는 발견주의라 부른다. 관점을 바꾸면 세계가 달라진다. 그리고 세계가 달라지면 애인 또는 배우자도 달라진다.

이러한 일련의 사유 끝에 시온은 우리에게 '꿀팁'을 알려주었다. 애인 또는 배우자에게 매일 다른 소품들을 선물해 보라. 새로운 패션의 조합을 도와주고, 그날그날의 환경에 맞는 대사를 고민해서 들려주어라. 한 명의 복싱 선수도 빨간 글러브를 끼었을 때와 파란 글러브를 끼었을 때 아우라가 완전히 달라진다고 한다. 아내에게서 보여지는 아우라의 차이에 시온과 같이 이름을 붙이면서 그것을 연극이나 놀이 또는 콩트로 승화시킨다면, 그보다 흥미진진한 인생이 어디 있으랴. 아래는 시온이 실제로 기입했던 예시를 각자에게 맞게 변형하여 따라함으로써 우리도 매일 새로운 애인 또는 배우자를 발견해 보기로 하자.

[표 1] 관점 바꾸기 기법으로 폴리아모리-되기

	준비한 소품	아내의 패션	나의 태도	오늘 나의 아내는
11월 4일	목련	귀걸이	귀여워하기	고양이
11월 5일	프리지아	모자	어색하게	빵집 주인
11월 6일	장미	청바지	작업 걸기	처음 만난 사람
11월 7일	구슬	정장	깍듯하게	직장 상사
11월 8일	러브젤	알몸	조심스럽게	수도꼭지 끝에 달린 물방울
11월 9일	해바라기	흰 티셔츠	꼼꼼하게	고대 조각상
…				

#2. 사랑할 수 있는 권리: 생태주의

　우리는 모노아모리와의 충돌 없이 관점을 바꾸는 일만으로 폴리아모리 연애 또는 결혼 관계를 지속할 수 있다는 것을 알게 되었다. 하지만 폴리아모리들 중에는 연애 또는 결혼 관계를 아예 가지고 싶어하지 않는 사람들이 꽤나 존재한다. 특히 과거의 애인이나 배우자가 폴리아모리로서의 행위들에 치를 떨며 떠나갔을 경우에 더욱 그렇다. 몇몇 폴리아모리들은 자신의 존재와 욕망 자체가 이별의 근거가 되었다는 사실에 절망하여 '헤어질 바엔 차라리 사귀지 않을래'라고 생각하기도 한다.

　승연은 폴리아모리에 입문한 지 얼마 되지 않았기 때문에, 위와 같이 '폴리아모리라는 이유로' 고통을 겪었던 경험은 없었다. 반대로 승연은 상대의 새로운 사랑에 상처받았던 것이고, 그런 이유로 더 이상 사랑하지 않겠다고 생각한 유형에 속했다. 모노아모리였던 승연에게 애인의 새로운 사랑은 인정할 수 없는 일, 괴로운 일, 옳지 못한 일이었기 때문이다. 몇몇 종류의 공포증이 승연을 거쳐 가기도 했다. 가령 옳지 못한 행동들을 당당하게 하는 사람들과 말을 섞지 않도록 가능한 한 좁은 골목으로 피해 다니게 되었고, 일을 하다가 불가피하게 남성들과 부대끼게 된 날은 극도로 신경이 예민해지며 몇 초 동안 발작까지 찾아왔다.

그러던 어느 날 승연은 스트레스를 잊어버리기 위해 집 앞 놀이터에 앉아 멍하니 아이들을 지켜보고 있었다. 막 걸음마를 뗀 것 같은 여섯 명의 아이들이 서로 마주앉아 놀고 있었다. 승연은 아이들이 노는 모습이 재미있다고 생각했다. 아이들은 어떤 차별도 없이 모래밭에 앉아 서로 소꿉장난을 하며 사랑을 고백하고 또 스킨십을 하고 있었다. 아이들에게는 어떤 억압도 존재하지 않았다. 그들의 사랑에는 성별도 재산도 우월한 유전자의 번식도 무의미한 것이었다. 그들은 그저 눈앞에 있는 것을 사랑했고, 귓가에 들려오는 것을 궁금하게 여겼다. 그러다가도 돌아서면 바로 잊어버렸다. 이러한 것들을 바라보던 와중에 승연의 뇌리를 스치고 간 하나의 깨달음이 있었으니, 그것은 바로 '연애를 하지 않을 것이기 때문에 오히려 자유롭게 사랑해도 좋다'는 어떤 신의 음성, 또는 자기 자신에 대한 따뜻한 허락이었다.

사실 승연은 폴리아모리를 원래부터 알고 있었다. 어떤 유명한 웹툰에서 우연히 폴리아모리에 대한 내용을 접하게 되었기 때문이다. 하지만 승연은 언제나 상처받는 입장에만 몰입하였기 때문에, 바람둥이 주인공을 욕하는 댓글을 다는 데 열중했을 뿐 자신의 삶도 폴리아모리의 방식을 가질 수 있다는 사실을 상상하지 못했다. 폴리아모리라는 말은 승연에게 부정적인 의미를 내포한 단어로 받아들여졌고, 가까운 사람이 그 개념에 대해 옹호한다 싶으면, 그 사람에 대한 정마저 뚝 떨어짐을 느꼈다.

하지만 승연은 이제 완전히 새로운 인생을 시작했다. 승연은 자신을 당당하게 폴리아모리라고 밝힌다. 대신 연애를 하지 않겠다는 자신의 선택을 고수하는 중이다. 굉장히 많은 사람들을 만나면서 두근거리는 사랑을 즐겼지만, 그 누구와도 연애를 시작하지 않는다. 연애의 '연' 자가 승연에게 질투와 불쾌를 유발했다는 사실을 승연 자신이 누구보다 잘 알기 때문이다. '연'이 없다면 승연에게 어떤 열등감이나 위기의식도 주지 않는다. 바다 위 홀로 떠 있는 승연에게 불었던 거친 바람은, 폴리아모리라는 닻을 올리는 순간 행복으로 가닿을 수 있는 동력으로 작용했다. 승연은 고정적인 사랑의 대상을 정하지 않기 때문에 꽤나 다양한 사랑을 할 수 있었던 편에 속한다.

"저는 강아지를 사랑하고, 지드래곤을 사랑하고, 피아노 소리를 사랑하고, 신체 부위 중에는 입술을 사랑하고, 올해에 새로 산 노트북을 사랑해요. 물론 어떤 것들은 꾸준히 사랑할 수도 있고, 어떤 것들은 곧 안 사랑하게 될 수도 있어요. 인간도 똑같죠. 저는 폴리아모리가 된 이후로 열두 명 이상으로부터 사랑을 느껴봤고, 그중 딱 세 명만 아직도 지속적으로 만남을 계속하고 있고, 나머지는 전부 멀어졌지요. 하지만 그들과 멀어진 이유는 단지 재미가 없어서이지, 그 사람들을 용서할 수 없어서가 아니라는 게 중요해요." (승연, 28세)

이제 승연에게 이별이란 더 이상 상처의 반복이 아니라, 그저 어떤 노트북에 흥미를 잃어 새 노트북을 사는 현상과 유사하다. 혹은 승연에게 사랑이란 마치 액세서리와 같아서 각 특색별로 끼우는 재미가 있는 일이다. 승연은 여러 사람의 장점을 고루고루 모은 그 조합 자체를 사랑하는 것을, 한 사람과 연애하는 일보다 좋아한다. 왜냐하면 자신이 원하는 장점을 모두 갖춘 사람이 거의 없을뿐더러, 그것 또한 끊임없이 변화하기 때문이다. 내가 좋아하는 장점 하나를 잃어버렸다고 해서 "너 변했어."라며 헤어지는 것보다는, 내가 원하고 필요로 하는 장점을 가진 사람을 또 찾아서 하나 더 사랑하면 되지 않은가.

눈치 챘을지도 모르지만, 심지어 승연의 사랑은 인간으로 끝나지도 않는다. 승연은 자신이 받은 상처를 호소하며 자신의 강아지에게만 사랑을 줄 것이라 선언한 바 있다. 그때 우리는 물었어야 했던 것이다. 즉, 그것 또한 사랑이 아닌가. 왜 인간은 인간에 한정해서만 사랑을 인정하려 하는가. 무엇보다 절대적인 '인간'의 기준이 있는가. 대체 그 절대적인 '인간'의 기준에 맞는 사람이 한 명이라도 있는가. 물고 늘어지자면 끝도 없다. 핵심은 사랑을 꼭 인간으로 한정해서 생각할 필요는 없다는 것이다. 이성의 족쇄를 풀면 만물 전체를 사랑할 수 있는 가능성이 열린다. 이를 생태주의라 부른다. 이것이 승연이 주는 마지막 '꿀팁'이다.

요컨대 우리에게는 모든 것을 사랑할 수 있는 권리가 있다. 강아지를 사랑해도 되고, 오래된 테이프 속의 노래를 사랑해도 되고, 하나님을 사랑해도 되고, 딜도를 사랑해도 된다. 그리고 사랑하지 않을 권리 또한 있다. 특별한 이유 없이 사랑할 수도 있고, 특별한 이유 없이 증오할 수도 있다. 누군가는 당신이 그를 증오한다는 사실에 불쾌해할 수도 있다. 하지만 '옳다' 또는 '그르다'로 이야기하지만 않는다면, 문제가 되지는 않는다. 취향 자체는 자연스럽게 마음에 드러나는 것일 뿐, 결코 그것을 표현하는 것 자체가 타인에 대한 규제나 강요로 이어지지는 않기 때문이다. 따라서 특정 대상에 대해 떠오르는 감정들을 서로 교류하고 소통하고, 또 그럼으로써 끊임없이 다양한 감정들로 변화해 나갈 때, 우리의 삶은 더욱 풍요롭게 펼쳐질 수 있을 것이다.

#3. 20세기 가장 똑똑한 커플: 합의주의

지금까지 우리는 한 명의 애인과만 지내면서 어떻게 폴리아모리를 수행할 수 있을지, 나아가 애인이 하나도 없는 상태로 어떻게 폴리아모리를 수행할 수 있을지 알아보았다. 그런데 사실 제일 급한 것은 세 명 이상의 관계에 있어서 폴리아모리를 수행하려는 사람들일 것이다. 우리가 가장 추천하는 원활한 폴리아모리의 기법은 바로 명시적 합의이다. 명시적 합의란 전적인 자유를 존중하려 했던 근대의 사회계약론부터 현대의 형식주의에 이르기까지 발을 뻗치고 있는 방법론이다. 기본적으로 폴리아모리를 수행하려면 거의 필수적으로 거쳐야 하는 관문으로 이해되고 있으며, 실제로 이러한 절차를 거친 폴리아모리들과 그렇지 않은 폴리아모리들의 연애 실적을 비교해 보면 그 효과가 확연히 드러난다. 동일은 전자에 속하는 폴리아모리로서 미연과의 아름다운 사랑을 꾸준히 잘 조절하고 있다.

동일은 미연의 내연 관계를 알게 된 날, 그것이 음지에서 수행될 경우에 한해서 묵인하기로 다짐했었다. 하지만 음지화의 편안함도 잠시, 시간이 지날수록 이것이 너무나 불안정한 사랑이라는 사실이 서서히 드러났다. 왜냐하면 동일은 여전히 '검은머리 파뿌리가 되도록 배우자만 바라볼 것'이라는 서약에 대한 믿음을 가지고 미연이 다시 되돌아오기를 바랐고, 반대로 미연은 새로운 사람과 몰래 만나야만 하는 삶과 그것을 들킬까 하는 염려 자체로 끊임없이 스트레스를 받아야만 했기 때문이다.

연륜의 노련함이 있는 덕분인지, 동일이 몇 개월 동안의 고민 끝에 선택한 대안은 훌륭했다. 동일은 인터넷으로부터 관련된 정보들을 끌어모으다 폴리아모리의 개념을 알게 되었고, 그것을 미연에게 소개하며 정식으로 폴리아모리 부부 관계를 제안하였다. 물론 그러한 결단이 가정에 파탄을 가지고 올지도 모른다는 불안감도 있었다. 하지만 동일은 불안을 이겨내었고, 부족하지만 형식적인 서류로 만들어 함께 규칙을 제정하였으며, 그 아래에 서명까지 하였다. 미연 또한 동일의 제안에 약간의 놀라움을 표한 후, 서로의 자유로운 존재로서의 권리를 인정하는 데에 동의하였다. 동일은 아직도 자신들이 20세기 가장 똑똑한 커플인 사르트르와 보부아르에 비견되는 부부라고 자랑스러워한다.

"사르트르가 2년간의 계약을 맺자고 제안해 왔다. 우리는 결코 완전한 남남이 되지는 않을 것이다. 둘 중에 어느 쪽인가가 상대를 찾을 때 반드시 응할 것, 그리고 우리 두 사람의 결합 이상 가는 것은 아무것도 없을 것이다. (……) 이것은 고독 속에서 쉽사리 열매를 맺는 망상, 환영, 무의미한 의혹과 거짓의 희망과 공포로부터 나를 지켜주었다. 이제 고독은 내게 존재하지 않아도 되었다. 이루 말할 수 없는 평온한 기분! 나는 가끔 이 평온한 기분에 잠겼다." (보부아르, 『계약결혼』 중에서)

사르트르는 철학교수자격시험을 1등으로 합격했고, 보부아르는 2등으로 합격했다. 둘은 성향은 많이 달랐지만 인간이 실존으로서 전적으로 자유로워야 한다는 사실에는 이의를 가지지 않았다. 물론 그들에게 반드시 합의를 지켜야 한다는 당위가 절대적으로 존재하는 것 또한 아니었다. 하지만 합의는 그들에게도 원활한 폴리아모리를 위한 도구임은 확실해 보였던 것 같다. 보부아르는 단지 그 합의의 조건이 자신들에게 적합했기에 자유롭게 각자의 규칙으로 받아들인 것이라고 첨언한다. 그러므로 만일 싸움을 피하고 싶은 폴리아모리 커플이라면, 그들을 본받아 명시적인 규칙을 합의하는 편이 좋다. 왜냐하면 모든 지루한 싸움은 애매모호한 규칙에서 발생하기 때문이다. 규칙이 아예 없다면 서로를 틀렸다고 할 근거 자체가 없고, 규칙이 명료하게 드러난다면 그에 따라서 옳고 그름을 깔끔하게 따지면 된다. 하지만 서로에게 애매모호한 규칙을 기대하게 되면, 그 기대는 각자의 의미들을 이해하지 못한 상태로 주어지는 것이기 때문에 소통이 어려워져 싸움이 생긴다.

사르트르와 보부아르 부부의 유명한 합의 내용은 다음과 같다. 첫째, 모든 로맨틱한 생활에 대해 남김없이 솔직하게 말할 것. 둘째, 배우자에게 다가온 새로운 사랑에 대해 제약하지 말 것. 셋째, 경제적으로 의존하지 말 것. 여기에서도 주지하고 있듯 합의가 그 자체로 성립하기 위한 최소 조건은 바로 '상대에게 솔직하게 말하고 있음'이다. 그래서 많은 폴리아모리들이 추천하는 제일의 규칙은 다름 아닌 '거짓말하지 않기'이다. 동일과 미연 또한 비슷한 생각으로 '거짓말하지 않기'를 첫 번째의 규칙으로 정했다. 이것이 합의하는 폴리아모리에 있어서 동일이 줄 수 있는 충고의 핵심이다.

그리고 동일은 배우자 외에도 새로 만나는 사람들(가령 동일에게는 직장에서 만난 신입사원 유미라든가)에게도 합의를 받아두는 것이 좋다고 조언한다. 즉, 최대한 빨리, 가능하다면 연인 관계를 시작하기 전에 미리 자신이 폴리아모리 관계를 지향한다는 사실을 밝히는 것이 편할 것이다. 왜냐하면 상대방으로 하여금 마음의 준비를 하게 만들어놓지 않을 경우, 언젠가 관계가 심화되었을 때 그 사람에게 상처를 줄 수 있기 때문이다.

어쨌든 간에 사르트르와 보부아르를 본받은 동일로부터 우리가 얻을 수 있는 핵심적인 비법은 바로 명시적인 합의이다. 규칙을 합의하는 데에 있어서 정해진 방식은 없다. 자유롭게 합의하라. 다만 여기에도 팁은 있다. 즉 구두로 하는 합의도 나쁘지는 않지만, 동일과 같이 그것을 문서화하면 더 좋다는 것이다. 왜냐하면 인간의 기억은 결코 믿을 만하지 못하고, 뿐만 아니라 만일 수정하고 싶은 규칙이 있더라도 텍스트로 존재해야만 조금 더 섬세하고 엄밀하게 처리할 수 있기 때문이다. 합의할 규칙의 내용을 구상할 때에는, 공통의 규칙들을 설정해도 좋고, 각자 서로 원하는 바나 자신이 할 수 있는 바에 따라 다르게 기입해도 좋다. 몇 번의 충돌과 논쟁이 있어도 좋다. 단 궁극적으로는 그 모든 규칙들이 합의되어야만 폴리아모리 연애 관계가 성사될 수 있음은 명심하며 꾸준히 열정을 기울여보자.

[표 2] 합의 기법으로 폴리아모리-되기

	규칙		
동일 (서명)	거짓말하지 않는다.	미연 (서명)	거짓말하지 않는다.
	서로를 최우선으로 생각한다.		서로를 최우선으로 생각한다.
	새로운 연애가 생기면 알려준다.		새로운 연애가 생기면 알려준다.
	스킨십은 옷을 입은 채로 한다.		스킨십은 자유롭게 한다.
	미연의 존재를 공개한다.		동일에 대해 비밀로 해도 좋다.
	일할 때에는 업무에만 집중한다.		오전에는 동일과 함께 지낸다.
	……		……

#4. 돈과 시간의 관리를 시작하라: 구성주의

사르트르Jean Paul Sartre의 사상에 영향을 받은 온갖 '양아치' 들이 수업을 거부하고 거리로 나오기 시작했다. 그렇다. 1968년 은 실로 젊은이들의 시대였다. 머리를 새빨갛게 염색한 소르본 의 다니엘 콘벤디트Daniel Cohn-Bendit는 거대한 마이크를 들 고 외쳤다. "기존 질서 전체에 저항한다. 우리가 원하는 것은 머 리부터 발끝까지 달라지는 것이다." 젊은이들의 행위는 결코 합 리적이지 않았다. 어떤 합리적인 이론도 알지 못했기 때문이다. 아니 사실 이론은 중요하지 않았다. 오히려 그것은 인간을 신 분, 성별, 인종, 직업, 학력 등의 기준으로 평가하는 토대일 뿐 이었다. 단일한 기준이 있다는 것은, 누구든 그 기준에 더 어울 리는 사람으로 대체될 수 있다는 말과 같다. 그래서 젊은이들은 그러한 기준을 부수기 위한 온갖 노력들을 했다. 자신들이 고유 한 존재로 인정받고자 한 노력이었다. 대체 불가능한 존재가 되는 것, 그것이 그들이 말한 러브 앤 피스Love&Peace의 핵심이었다.

아영 또한 68혁명이라는 이름으로 배운 서구의 역사를 언제나 동경해 왔다. 히피의 저항 정신을 항상 마음에 새기고, 펑크 스타일의 패션을 지향했으며, 학교 내에서 소소하게나마 페미니즘에 대해 알리는 데 열심을 기울였다. 아영의 책가방에는 러브 앤 피스를 상징하는 문양이 붙어 있다. 러브는 너와 내가 하나로 연결된다는 의미이고, 피스는 대립을 버리고 각자의 고유한 차이를 존중한다는 의미이다. 차이를 존중하면서도 타자와 하나가 되고자 하는 마음은 결국 아영을 폴리아모리로 이끄는 동력이 되었다.

기존의 애인 또는 새로운 사랑 둘 중 하나만을 선택하라는 친구 예지의 말을 듣고 이런저런 생각을 하던 어느 날 밤, 아영은 솔직하게 자신의 심정을 표현해야겠다고 결심하였다. 아영은 여느 때처럼 애인에게 전화를 걸어 그의 매력과 장점에 대해 밤새 이야기해준 후, 조심스레 새로운 사랑에 대한 이야기를 꺼냈다. 자신이 좋아하게 된 새로운 사랑이 생겼고, 그 사람과 함께하는 것도 행복하다는 사실을 말이다. 이 말을 들은 애인은 충격을 받아 말을 잇지 못하고 전화를 끊었다. 그리고 며칠이 지나 그는 결국 떠나고 말았다. 그가 떠나갈 때 해준 말이 바로 아영이 폴리아모리인 것 같다는 말이었다. "어떤 나라에는 폴리아모리라는 그런 이상적인 사랑도 있대." 이후 아영은 폴리아모리에 대해 나름대로 관심을 가지고 찾아보게 되었고, 그러다 보니 주변에 비슷한 사상을 가진 또래들도 어느 정도 만나볼 수 있었다.

이별은 아영에게 소중한 경험이 되었다. 시간이 지날수록 떠나간 기존의 애인, 그리고 자연스럽게 새 애인으로 자리잡은 두준이, 그 자체로 각자 비교할 수 없는 존재라는 사실을 더욱 뼈저리게 느끼게 되었다. 어떤 맛이 더 낫다고 생각하기엔, 짜장면도 그 자체로 특유의 맛을 가지고 있었고, 짬뽕도 그 자체로 특유의 맛을 가지고 있다. 짜장면을 먹고 있노라면 짬뽕국물이 땡기고, 짬뽕을 먹고 있노라면 짜장면이 맛있어 보인다. 때문에 아영은 이후로 새로운 사랑들을 만날 때에도 각자의 고유한 성격, 말투, 삶의 방식, 꿈을 존중했다. 어떤 절대적인 기준을 두고 그것을 통해서 순위를 매기는 것이 아니라 모두를 대체 불가능한 존재로 바라보기 시작한 것이다.

얼마 지나지 않아 아영은 두준 이외의 다른 애인 하나를 새로 사귀게 되었다. 아영은 '폴리아모리'라는 언어를 얻은 이후, 단 하나만 선택해야 한다는 강박에 사로잡히는 대신에 더 많은 사랑도 받아들일 수 있는 가능성이 열렸다고 자랑하곤 한다. 하지만 아영에게 한 가지 어려운 점이 있었으니, 그것은 바로 돈과 시간이 부족하다는 현실이었다. 학생이기 때문에 여유가 많지 않은 아영에게는, 주어진 여건들을 적절히 분배하며 생활하는 것이 폴리아모리의 비법 중 하나이다. 우리가 가진 것은 유한하다. 그러나 그 유한한 것 안에서 우리는 상황과 맥락에 맞는 무한한 조합들을 만들어낼 수 있는 역량을 가지고 있다. 예컨대 정해진 양의 레고블럭을 가지고 이렇게도 만들고 저렇게도 만들며 끊임없이 색다른 배치를 상상하는 힘, 우리는 이를 구성주의라 부른다.

모든 인간관계에는 투자가 필요하다. 가만히 있어도 타인과의 친밀도가 쌓이면 좋겠지만, 친밀도라는 감정은 실제로 돈과 시간을 투자하여 함께 활동을 하지 않으면 절대로 쌓이지 않는다. 물론 한 명의 애인을 두고 있다면 친밀도를 쌓기 위해 과도한 투자가 필요하지는 않다. 하지만 대체 불가능한 여러 명의 애인을 두고 있다면, 하루에 열 번도 넘게 버스를 타고 새로운 장소로 이동해야 하고, 데이트 비용에 잔고를 확인해야 하며, 일정 다음에 밀려오는 다른 일정들을 끊임없이 체크해야 한다. 그래서 아영은 다음과 같이 충고한다. '미래 가계부'를 구성하라. 지출하기 전에 지출을 미리 기록하고 그 안에서 소비하도록 하라. 그리고 그 가계부는 반드시 시간표가 함께 있는 형태여야 편리하다. 다음의 예를 보고 자신에 맞게 변형하여 만들어보자.

[표 3] 미래가계부 기법으로 폴리아모리-되기

5월 2일	with	내용	수입	지출	보유금액
9시	혼자	기상			148000
10시		치마 구매		20000	128000
11시	두준	카페, 커피 2잔		10000	123000
12시		편의점		사달라고 부탁	
13시	철수	공원에서 만나기			
14시	예지	철수 생일선물		13000	110000
……					
……					
……					
……					
……					

#5. 자신을 완전한 존재로 만들어나가라: 실존주의

아모르파티, 한국어로 '운명애'라는 개념이 있다. 운명애는 운명론과는 다르다. 운명론은 자신의 삶이 일련의 과정들에 의해 발생한 필연적 결과라고 생각하고 순응하는 것이다. 반면 운명애는 자신의 삶을 절대적으로 우연적인 결과라고 생각하며, 그렇기에 내가 '이런 삶을 원했었다'며 적극적으로 사랑하는 것이다. 운명론의 긍정은 자신이 아무것도 할 수 없음을 전제하지만, 운명애의 긍정은 자신이 모든 것을 다 좌우할 수 있음을 전제한다. 이는 단순히 형이상학적인 궤변이 아니다. 우리는 실제로 모든 것에 영향을 미친다. 나비의 날갯짓 하나가 태풍을 불러일으키고, 나의 손가락 움직임 하나가 달라질 때마다 세상은 다르게 움직인다. 모든 존재는 관계적이기 때문에, 우리의 유토피아no-where은 바로 지금 여기now-here에 달려 있는 것이다. 실존주의 철학은 지금 여기를 어떻게 살아갈 것인가에 대한 사유이다.

우리는 자연의 전체적 배치를 활동 영역으로 삼는 완전한 존재들이다. 니체에 따르면 운명애를 추구하는 사람은 곧 완전한 존재를 지칭한다. 폴리아모리들이 즐겨 사용하는 '컴퍼션'이라는 개념은 이 운명애와 상통한다. 컴퍼션이란 사랑하는 사람이 좋아하는 모습을 보며 행복해지는 현상이다. 예를 들자면, 우리는 우리가 좋아하는 노년의 연예인 부부가 알콩달콩 사랑을 표현하는 SNS를 보며 마치 우리의 일인 양 행복해한다. 또는, 우리는 결혼 적령기의 자녀가 애인을 데려와 닭살 행태를 보일 때마다 문득 애틋함을 느낀다. 즉 우리는 타인의 사랑에 공감하는 존재이다. 사랑하고 있는 사람들의 미소가 곧 나의 미소로 전염된다. 미지는 이러한 컴퍼션의 감정을 애인인 준오에게까지 느끼게 된 경우에 해당한다.

미지는 연애에 있어서 끊임없는 이성과 감정의 줄다리기를 겪었다. 특히 준오가 다른 사람과 바람을 피웠다는 사실을 알게 되었을 때, 그 내적 갈등은 가장 심화되었다. 이성은 새로운 사랑이 잘못은 아니라고 외치고 있었지만, 감정은 이미 이별이라는 답을 내려놓고 그것을 정당화하는 작업에만 빠져들었다. 하지만 준오는 미지에게 상처를 준 일에 대하여 진심으로 사과했고, 미지를 잃고 싶지 않은 자신의 마음을 적극적으로 표현했다. 두 달 정도의 시간이 흐를 때까지 미지는 별다른 피드백을 주지 않은 채 꾸준히 침묵하며 자신의 삶을 살았고, 준오도 몇 번 사과를 반복하다가 결국 미지의 얼굴을 보지 않았다.

두 달이 지난 후 미지는 준오에게 만나자는 문자를 보냈다. 미지는 그간 이리저리 생각해 보았던 내용들을 준오 앞에 꺼내 보였다. 결론부터 말해 미지가 준오를 용서한 것은 준오의 사과 때문은 아니었다. 그보다는 미지가 자기 자신을 별다른 결핍 없는 완전한 존재로 생각할 수 있었기 때문이었다. 따져보면 사실 준오의 새로운 사랑은 그 자체로는 미지에게 어떤 손해도 없었다. 예전까지 미지는 준오가 다른 사람을 만나는 것이, '자신과 함께 있을 수 있는 시간을 뺏는 일'이기 때문에 잘못이라고 생각해 왔다. 하지만 곰곰이 다시 생각해 보니 그것은 준오가 혼자서 다른 일을 하는 것과 별반 다르지 않았다. 가령 준오가 다른 사람을 만나느라 미지와 세 시간을 못 보내는 일은, 준오가 집에서 혼자 영화를 보느라 미지와 세 시간을 못 보내는 일과 마찬가지일 뿐이었다.

미지의 가치는 완전히 전도되었다. 예전까지 미지는 자신의 부족한 영역에 준오를 채워 넣은 것이라 막연하게 상정해 왔다. 그러나 더 생각해 보면 미지는 혼자 살기에도 할 일이 많았고, 즐겁게 놀 수 있는 친구도 많았고, 별다른 결핍도 없는 충만한 사람이었다. 자기 자신을 충만하다고 인식하는 순간 미지의 눈

앞에는 어떤 고통도 없을 것 같은 생각이 들었다. 미지는 준오가 다른 사람을 만난다고 하면 "그럼 나는 오늘 시간도 비는 김에 운동을 하러 가야겠어."라고 말할 수 있는 여유로운 사람이 되었다. 즉 미지는 미지 자체로 넘쳐흘러, 그 초과한 영역에서 준오를 사랑했던 것뿐이었다는 사실을 받아들였다. 그렇기에 심지어 만일 준오와 불가피하게 헤어진다 하더라도, 다시 깔끔한 마음으로 기존의 삶의 패턴으로 돌아갈 수 있었다.

이러한 고민의 흐름을 말해 주자 준오도 이에 동의한다고 말했다. 그때까지 폴리아모리라는 말을 알지는 못했지만, 사실 폴리아모리나 다름없는 관계를 만든 것이라고 미지는 회상한다. 미지와 준오는 두 달간의 공백기를 지나 다시 재결합하게 되었고, 이전보다 더욱 성숙한 관계가 되어서 돌아왔다. 둘은 완전한 인간이 되어 있었다. 서로의 완전해진 주체성을 존중하는 차원에서, 서로 언제나 존댓말을 쓰기로 약속했다. 동거하면서 겪는 일상적인 마찰 외에는, 더 이상 그들에게 커다란 충돌과 싸움은 단 하나도 없었다. 그리고 그렇게 5년이 지나 그들은 결혼에 성공했다.

"처음에는 준오와 그냥 친구로만 지낼까, 하고도 생각해 봤어요. 제가 상처를 받지 않으려고 말이죠. 그런데 오랫동안 생각해 보니, 사실 준오 때문이 아니라 제 생각이 정리가 안 되었기 때문에 힘든 거였어요. 두 달간의 고민 끝에 내린 제 결론은, 제가 완전히 혼자 서 있을 수 있는 사람이라는 거예요. 적어도 그러기 위해 노력할 수는 있었죠. 우리는 부부이지만 여전히 서로 만나기를 열망하는 순간에 만나고 그렇지 않으면 만나지 않아요. 덕분에 우리에게 황홀하지 않았던 부부 생활은 없었지요. 우리는 따로 또 같이 사랑하고 있어요. 준오와 결혼한 것은 최고의 선택이었던 것 같아요." (미지, 30세)

방 청소는 했는가. 메이크업은 했는가. 공부는 했는가. 아니 잠시, 그것들을 의무적으로 하지는 않았는가. 우선 우리의 머리 위에 의무라는 이름으로 걸쳐진 무수한 거미줄들을 걷어내 버리라. 모든 것을 긍정하라. 그리고 그 긍정 위에서 다시 방 청소든, 메이크업이든, 공부든, 무엇이든 해보라. 완전함을 가진다는 것은 그렇게 대단한 일이 아니다. 그저 자신에게 결핍이 없다고 생각하는 일, 나아가 이 생각을 실현시키기 위해 꾸준히 스스로를 계발해 나가는 일이다. 그리고 무엇보다 그 사이에도 사랑하는 사람의 손을 언제나 변함없이 잡고 있는 일이다.

소크라테스는 사랑이 언제나 결핍을 근거로 시작된다고 주장하였다. 자기 혼자서도 결핍되어 있지 않으면 굳이 사랑하지 않는다는 것이다. 그래서 사람들은 보통 상대가 자신의 빈 곳을 채워주기 바라고, 나 또한 상대의 빈 곳을 채워주는 존재가 되기 바란다. 마치 육체가 서로의 빈자리를 통해 결합하는 느낌으로, 정신도 빈자리를 통해 결합한다. 의존과 집착은 사랑에 대한 이러한 고대의 관점으로부터 시작되었다. 하지만, 우리는 말한다. 사랑은 결핍이 아니라 즐거움으로부터 시작되는 것이라고. 사랑은 자신보다 더 앞을 향해pro 던져지는ject 초과의 힘이다. 이를 '기투pro-ject'라 부른다. 결핍되지 않았어도, 우리는 굳이 지나치게 사랑한다. 우리는 언제나 과잉으로서의 사랑을 추구한다.

#6. 기존의 가족 구조를 잊어라: 해체주의

19세기엔 평균 20년을 넘지 못하던 결혼 기간이 오늘날에는 거의 60여 년이나 된다. 의학의 발달로 오래 살게 되면서 결혼 생활의 지속 기간이 늘어난 것이다. 길어진 결혼 생활은 그동안의 더 많은 위기들을 불러오기 마련이다. 그 때문인지 경제적 자립이 어느 정도 자리를 잡은 서구에서는 '열린 결혼'이 발달하기 시작했다. 즉 '위기'로 여겨졌던 순간들을 모두 결혼의 당연한 과정으로 받아들이기 시작한 것이다. 자신의 새로운 욕망들을 배우자와 남김없이 소통할 수 있다는 것이 열린 결혼의 핵심적인 장점이었다. 욕망을 억압하는 결혼 관계는 이후 무의식이 폭발하여 강박증, 히스테리 또는 우울증 등의 정신적 문제들로 향할 가능성이 높기 때문에, 이러한 사회적 변화는 긍정적이라 볼 수 있다.

해체주의는 소위 기존의 '정상적인' 관념들을 깨뜨리는 사상을 의미한다. 해체주의를 대표하는 철학자 데리다는 이러한 열린 결혼을 통해 이루어지는 새로운 가족 형태를 '시민 결합'이라 불렀다. 시민 결합은 어떤 제한도 없이 가족의 권리를 누릴 수 있는 제도적 장치로서 제안된 바 있다. 이러한 제도적 장치는 제니와 같은 사람들에게 가장 필요할 것이다. 제니를 기억하는가. 제니는 자신의 난교를 함께 했던 그룹을 사랑했다. 몸의 억압에 저항했으며, 오직 무한한 가능성만을 받아들이고자 했다. 그러나 제니에게도 어려운 것이 있었을 텐데, 아마도 그것은 사회에 적응하는 일이었다. 난교 그룹에서 교육을 받은 대로 사회에 나가 행동하게 되면, 사회는 제니를 질타할 것이고, 처벌할 것이며, 또는 정신병원에 감금할 것이다. 제니를 받아주는 곳은 제니의 난교 그룹 혹은 그와 유사한 소규모 공동체뿐일 것이다. 우리는 그에 대한 대안으로 시민 결합 형태의 폴리피델리티 가족을 제안하고자 한다.

보편적인 기준이나 질서란 본래 그 자체로는 존재하지 않는다. 오직 각자의 미시적인 기준과 질서가 있고, 거기에서 권력을 잡은 것이 보편적인 것으로 믿어지게 될 뿐이다. 그래서 사랑하는 사람이 여럿이고 그것이 조금 특이한 방식으로 이루어지더라도, 그것을 인정하는 소규모 공동체에서는 충분히 응원받고 칭찬받을 일로 이해된다. 물론 사회는 자꾸만 보편적인 기준이나 질서를 강요하겠지만, 우리는 자그마한 가족 형태를 끊임없이 만들어냄으로써 그 보편적인 기준과 질서에 균열을 내는 기준들과 질서들을 찾아보고 또 세워나가야 한다. 물론 이러한 불규칙적 가족 형태를 위해서는 새로운 법적 조항 따위의 도움을 얻어야 할지도 모르지만 말이다.

자신을 인정받을 수 있는 가족을 꾸리고 새로운 기준과 질서를 만든다고 할 때 가장 신경을 써야 하는 지점들은 무엇일까. 그것은 바로 유동적인 가족 구성원에 대한 환대일 것이다. 즉 사랑하는 사람이 바깥에서 다른 사람과 사랑에 빠졌다고 이야기한다면, 그 새로운 사랑을 집에 초대해 다 함께 사랑해 볼 수도 있을 것이다. 사랑은 다양하면 다양할수록 풍요로워진다. 사랑을 폐쇄하지 마라. 나의 한계를 확장하라. 때로는 질투가 나도 좋다. 그 질투를 그대로 표현하라. 떠오르는 다양한 감정들을 공유하라. 소통하기를 멈추지 마라. 누구의 잘못도 아니다. 질투의 사실 자체를 파악해 보고, 나아가 구체적인 방안을 모색하라. 적어도 이는 매일 가만히 집안에 모여앉아 텔레비전을 보고 있는 일보다 훨씬 더 재미있는 일상을 가져다줄 것이다.

우리 각자는 하나의 우주와 같다. 그러므로 가족이 된다는 것은, 둘 이상의 우주가 장기적으로 교차한다는 것과 같다. 그래서 혼자서는 어느 정도 인력의 균형을 유지할 수 있더라도 교차하는 순간 그 인력들은 복잡해지고, 별들은 충돌하고, 어떤 공간은 소멸하고, 결국 여러 십급의 카오스로 뻗어나간다. 카오스에 대해서 우리는 불안을 느끼는 존재이다. 하지만 모든 것이 해체된 카오스 속에서도, 오히려 그 카오스 자체에 대해 일관된 긍정을 찾을 수 있는 것, 이것이 바로 폴리아모리의 가족 형태인 폴리피델리티가 꿈꾸는 상태일 것이다.

다음으로 가족의 역할을 분담하는 것도 중요하다. 폴리피델리티는 그 특성상 고정된 역할분담이 존재하지 않아 식생활에서의 역할, 성생활에서의 역할, 경제력 확보의 역할, 가내 관리에서의 역할, 출산과 교육에서의 역할 등등 수많은 역할들이 미정된 상태로 존재한다. 그것을 유연하게 내버려둘 수도 있지만, 우리는 처음 시작할 때부터 분담해 두는 것을 추천한다. 그래야 별 불만 없이 가정 생활이 진행될 수 있고, 인원이 추가되거나 감소되어도 필요한 역할이 무엇인지 체크하기 쉽기 때문이다. 제니에게는 아마도 성생활에서의 역할 분담이 가장 중요할지 모른다. 가족들의 집단적인 성관계는 호르몬의 자극을 배가시켜 주겠지만, 만일 부득이하게 한 사람이라도 배제된다면 그것은 왕따나 다름없을 것이다.

어떤 남성들은 폴리피델리티가 유행하면 부계 사회가 무너지고 모계 사회가 도래할 것이라며 손사래를 친다. 즉 하나의 자궁 안에서 여러 명의 정자들이 경쟁하기 때문에, 태어난 아이의 어머니가 누구인지는 확실하지만 아버지는 결코 알 수 없게 되는 것이다. 따라서 '자기 자식에 대한 보호'를 목적으로 가지던 아버지의 권력이 무의미해지고, 도리어 어머니가 자식의 아버지가 될 사람을 선택할 수 있는 절대적인 능력을 가지게 된다. 지금까지의 결혼 제도는 타인을 소유물로 이해하는 관념적 토양에서 안정적으로 자라왔다. 권력을 가진 남성은 그 권력을 통해 가정의 흔들림을 방지하는 역할을 수행했고, 여성은 그 흔들리지 않는 가정 덕분에 자신의 생존을 도모할 수 있었지만 동시에 권력에 머리를 숙여야만 했다. 하지만 구시대적 필요성은 더 이상 무의미해졌다. 이제 생존과 경제적 자립을 보장받는 시대가 되었기 때문이다. 그러므로 각자 전적으로 자유롭게 가족 내에서의 규칙을 구성해 나갈 수 있는 주체성으로 이해할 때, 비로소 젠더에 있어서의 차별은 해소될 수 있다.

마지막으로 덧붙여서, 누군가는 "난교만을 위해 추구하는 사랑은 결코 폴리아모리가 아니다."라고 주장하기도 한다. 몇몇 실제 폴리아모리들도 우리에게 유사한 주장을 펼치기도 했다. 하지만 난교를 즐기면서, 또는 난교를 하기 위해 폴리아모리로 살아가는 사람들도 분명히 존재한다. 그들은 자신들을 폴리아모리라 부른다. 자기가 폴리아모리라면, 그건 그냥 폴리아모리인 것이다. 그들을 폴리아모리가 아니라고 배제할 근거는 어디에도 없다. 우리는 누군가를 사랑할 때, 그 사람의 사상에 빠졌을 수도 있고, 그 사람이 들고 있는 컵에 빠졌을 수도 있고, 그 사람의 몸에 빠졌을 수도 있다. 그 모든 것이 사랑의 이유가 된다. 여러 사람들의 몸에 빠져서 사랑하게 된 것이 곧 난교로 드러났을 뿐이다. 제니가 그들을 사랑한다면, 제니는 폴리아모리이다.

#7. 폴리아모리를 사랑하는 모노아모리: 포스트구조주의

그레고리 핀커스와 존 록은 1956년 처음으로 경구피임약을 발명하였다. 그 중대한 역사적 사건으로부터 이제 사랑과 임신이 분리되기 시작한다. 여성들의 자유로운 성생활이 가능해지면서 남성들은 불안해지기 시작했다. 보통 불륜이라고 하면 대부분 남성들만 가능했던 반면 이제는 여성들도 임신을 통해 자신의 성생활이 드러날 걱정 없이 즐길 수 있게 되었다. 앞서 언급했던 필요성들에 의해 부여된 기존의 익숙한 여성의 역할과 이미지가 변해 버린 것이다. 다시 말해, 성의 질서가 뒤집힌 것이다. 이 때문에 끊임없이 욕망의 권리를 주장하는 목소리가 일어나 위와 같은 난교가 일어나기도 했고, 동시에 욕망은 더욱 체계화된 억압 아래에서 은밀한 영역으로 숨어들이가기도 했다.

두 가지 방식의 개입이 있다. "너도 하지 마, 나도 하지 않을게." 그리고 "나는 할게, 너도 해도 돼." 전자는 가족, 학교, 종교, 국가 등에서 제공하는 규범을 받아들이고, 그것을 절대적인 근거로 하여 타인을 규제하는 데 사용한다. 정신분석학에서는 이를 소외라 부른다. 다른 것을 틀린 것으로 생각하고, 타인이 나처럼 되기를 바라며 그것만이 옳다고 판단한다. 반면, 후자는 가능성을 개시하는 데 사용되는 말에 해당한다. 그 명령의 절대적 근거란 오직 욕망 자체이다. 규범과 금지는 동일성으로 향하는 반면, 가능성은 차이를 용인하고 창조력과 활동력을 가져온다. 이를 단일한 구조를 넘어선다는 뜻에서 포스트구조주의라 부른다.

포스트구조주의는 규칙을 합의하려는 입장과는 다르다. 합의 또한 언어 혹은 그와 유사한 단일한 구조가 존재하지 않는다면 불가능하기 때문이다. 몇몇 폴리아모리들은 반드시 언어적 과정을 거쳐야만 관계가 성립한다고 주장한다. 그러나 이는 어불성설이다. 왜냐하면 그것은 언어 사용에 문제가 있는 사람 또는 맥락을 이해하지 못하는 수준의 정신병을 가진 사람은 사랑할 수 없다는 말과 같기 때문이다. 물론 언어도 사랑을 표현하는 수단 중 하나인 것은 확실하지만, 우리는 제니와 같이 언어 없이도 몸의 접속만으로도 사랑할 수도 있고, 혹은 정서적 교감만으로도 내가 누구인지, 그리고 바라는 것이 무엇인지 보여줄 수 있다.

"제게 나쁘게만 보이는 사람이라도, 사실 연애가 아닌 다른 조건들 속에서 만났다면 재밌고 멋진 측면들이 많았을 거예요. 그렇게 생각한 이후로 저는 건우와 함께 교내에서의 연애뿐만이 아니라 다양한 활동들을 하기 시작했죠. 자녀교육을 주제로 한 수업을 함께 들어보았고, 함께 정기적으로 수영도 하러 다녔고, 한번은 함께 해외여행도 떠나보았구요." (나희, 24세)

조금 더 철학적으로 말해 보자. 사람들은 대개 언어, 특히 기표들을 사용하여 타자와 관계한다. "사랑해." "나도 사랑해." "보고 싶어." "너를 믿을게." 추상적인 단어들이 오고 간다. 거기에는 지루한 조건들이 있고, 구체적인 실천들을 소거시키는 기호들의 질서가 있다. 그러므로 우리는 나희에게 기표가 아닌 끊임없는 도표로 관계해 보는 것을 제안하였다. 기표는 반복될수록 단일한 의미로 향하는 반면, 도표는 반복될수록 새로운 의미들을 생산한다. 마치 어른들이 모래를 가지고 깨끗한 유리만을 만들어내려 할 때, 어린아이는 모래로 성도 쌓고, 모래 위에 그림도 그리고, 셰프가 되어 모래를 볶은 후 맛을 평가해 보기도 하면서, 금방 무수한 다른 놀이들로 바꾸어 가듯이. 이것이 바로 포스트구조주의가 주장하는 다양한 구조들의 '횡단'이다.

어떤 좋은 생각도 거기에서 변화하지 않고 고여 있으면 그것은 파시즘이 된다. 고여 있으려는 힘이 바로 권력의 억압이라면, 끊임없이 고여 있지 않게 만들어주는 것이 바로 타자이다. 그런데 권력과 타자는 동시에 작용한다. 권력이 개입하지 않는다면 타자라고 부를 만한 것이 없고, 타자가 없다면 타자들의 개입으로부터 구성되는 권력은 아예 존재할 수조차 없다. 타자를 사랑하는 것이 곧 폴리아모리이다. 그래서 폴리아모리는 억압이 아닌 방식으로서의 개입이다. 거기에는 언제나 무한한 욕망이 있다. 다시 떠올려보자. 태초에 욕망이 있었다. 욕망은 사랑하는 사람과의 끊임없이 새로운 활동들과 구체적인 실천들을 통해서만 향유될 수 있다.

나희에게 건우는 수업을 함께 듣는 학우이자, 수영 대결을 펼치는 라이벌이자, 해외여행을 함께 하는 룸메이트이기도 하다. 단일한 연애의 규칙만으로 모든 행위를 제약시키는 것이 아니라, 수업에서는 수업의 규칙을, 수영에서는 수영의 규칙을, 해외여행에서는 여행의 규칙을 적용한다. 만일 나희가 건우를 연애의 규칙만으로 이해했다면, 그 규칙에서 함께 경쟁하는 혜진에 대해 질투를 느꼈을 것이다. 하지만 나희는 언제나 다른 규칙에 있고, 따라서 경쟁 자체가 불가능하다. 나희는 두 번째 애인(?)으로서의 자신의 삶에 만족한다고 한다.

"건우가 만일 남자친구에게 친근하게 굴었다면 제가 질투를 했을까요? 아니요. 남자친구는 제 경쟁 상대가 아니거든요. 단지 혜진이 저와 같은 조건이라 생각되었기 때문에 경쟁심이 느껴졌던 거예요. 그러면 조건을 바꾸면 되겠죠. 이때부터 저도 폴리아모리를 사랑할 수 있게 되었던 것 같아요." (나희, 24세)

그러므로 나희는 제안한다. 버킷리스트를 써라. 죽기 전에 하고 싶었던 다양한 욕망들을 적어라. 이때 욕망마다의 조건들이 있고 규칙들이 있을 것이다. 그리고 그 조건들과 규칙들을 사랑하는 사람과 함께 수행해 보아라. 단, 사랑하는 사람과 함께 하는 것은 목적이 아니다. 오직 욕망을 이루기 위해 마련하는 다양한 조건들이 핵심이고, 사랑하는 사람은 그것의 조력자일 뿐이다. 나희는 버킷리스트를 쓰다 보면 의외로 지금 당장 실천할 수 있는 일이 거의 대부분이어서 놀라게 된다고 첨언한다. 단지 우리는 현실에 치여 욕망을 계속 미루어 두었던 것이다. 결국 우리는 욕망을 의식 저 아래 깊은 곳에 묻어 두었고, 단일한 구조 안에 억압된 채 그 조건과 규칙만이 절대적인 것처럼 믿어왔던 것이다. 우리의 욕망은 안녕한가. 다음을 참고하여 버킷리스트를 작성해 보자.

[표 4] 버킷리스트 기법으로 폴리아모리-되기

버킷리스트	조건과 규칙	
1. 자녀교육 수업 듣기	펜, 노트, 교재	수업 규칙
2. 수영 배우기	수영장, 수영복	수영 규칙
3. 몽골 여행가기	돈, 사전, 시계	여행 관련 도서 참고
4. 폭죽이 보이는 창가에 앉아 와인 마시기	와인, 풍경, 숙소	
5. 사파리 체험하기	카메라, 선크림	사진 찍어오기
6. 시를 써보기	펜, 종이	기존의 시집 참고
……	……	……

맺는 말: 사랑은 언제나 옳다

1장에서 우리는 몇몇 사람들이 폴리아모리라는 것을 느끼고 알고 정체화해 가는 과정들을 구체적으로 살펴보았다.

그리고 2장에서는 비독점적 다자 연애라고 불리는 폴리아모리가 타인이 다른 사람을 사랑할 수 있는 가능성을 긍정하는 동시에 내가 다른 사람을 사랑할 수 있는 가능성을 긍정하는 새로운 사랑의 방식임을 알 수 있었다. 특히 이것은 유일성에 제약되지 않고 컴퍼션의 감정을 느끼는 사랑의 잠재성 자체이며 따라서 문어발과 폴리아모리는 동일한 개념이 아님을 언급하였다. 이때 우리가 주목했던 폴리아모리의 유형에는 크게 비이, 트라이어드, 쿼드, 폴리피델리티 등이 있었다.

3장에서 우리는 헬렌 피셔와 스피노자를 검토하는 과정에서, 폴리아모리가 자연 그 자체의 상태이며, 문명적으로 모노아모리가 구축된 것임을 이해할 수 있었다. 이 사유를 이해하기 위해 들뢰즈의 강렬도, 가타리의 횡단성, 프루스트 소설에서 드러나는 성좌의 사랑을 공부해 보았다. 이러한 폴리아모리에 대한 온전한 이해는, 사랑이 결코 연애 관계, 인간 관계, 언어 관계에 국한될 필요는 없다는 점을 증명한다. 가령 비연애주의자, 동물과 식물, 언어적 장애가 있는 사람들에 대한 사랑 또한 본래적으로 배제할 수 없는 것이다. 이러한 이론적 귀결은 질투와 집착이라는 정서, 다양한 섹슈얼리티 내에서의 병리학과 범죄학, 성적 자기결정권이라는 추상적 문제까지를 포괄하는 논의로 확장될 수 있다.

뿐만 아니라 4장에서는 국내에서 벌어지는 다양한 정치적 의제들과 운동들이 어떻게 폴리아모리와 맞물리는 지점이 있는지 이야기해 볼 수 있었다. 실제로 여성 운동과 성소수자 운동을 거쳤던 한국의 현대사를 통하여, 미래의 폴리아모리 운동이 어떤 방식으로 발생할 것인지 그려볼 수 있는 재료를 마련하였다.

마지막으로 5장에서 우리는 어떻게 별 탈 없이 유쾌한 방식으로 폴리아모리를 수행할 수 있는지 살펴보았다. 특히 발견주의, 생태주의, 합의주의, 구성주의, 실존주의, 해체주의, 포스트구조주의를 수단으로 삼아 누구나 폴리아모리적인 삶을 놀이처럼 즐겨볼 수 있는 비법을 소개해 보았다.

이렇게 우리가 사랑에 대해 이러저러한 말들을 늘어놓았을

때, 누군가에게는 진부한 잠언이 되었을 수도 있고, 또 다른 누
군가에게는 일종의 통찰이 되었을 수도 있겠다. 하지만 사실 사
랑은 그렇게 복잡하게 논증하면서 설명해야 수면 위로 떠오르
는 존재가 아니다. 사랑은 단순하다. 왜냐하면 사랑은 그 사랑
의 작동 자체가 그 존재를 증명하기 때문이다. 이를 철학적으로
말하자면, 사랑은 자기 원인이다. 이는 사랑에 대해 누군가가
찬성하거나 반대할 수 있는 사안이 아니라는 사실을 드러낸다.
사랑은 언제나 옳다. 우리는 단지 실제로 어떤 사랑들이 현실의
다양한 영토들 위에 펼쳐져서 구체적인 삶을 살아가고 있는지
경청해 주고 또 그려내 줄 수 있을 뿐인 것이다.

아마 눈치 챘을지 모르겠지만, 이 책에 나온 사람들은 우리가
직접 만나고 인터뷰했던 사람들이다. 특히 1장과 5장의 인물들
은 자주 만나고 대화했다. 어떤 사람은 아주 유쾌하고 단순하게
고민을 정리했지만, 대부분은 앞으로 어떻게 살아가야 하는지
고민이 많았던 것 같다. 외부적으로 신원은 밝히고 싶지 않다고
해서 가명을 쓰고 이야기도 조금 각색했지만 웬만하면 있는 그
대로 전달하려고 노력했다.

대부분 우리의 강연을 들으러 왔거나, 강연을 한다는 소식에
먼저 연락을 해온 사람들이 대부분이었다. 강연에 온 시온은 꿩

장히 수줍게 웃으면서 연락처를 얻어 가서는 본인이 꽃집을 하는데 꼭 놀러 왔으면 좋겠다고 문자 메시지를 보냈었다. 서울 문래동 근처에 있는 아주 작은 꽃집이었다. 처음에는 이렇게 소심하고 수줍은 사람이 어떻게 먼저 연락했을까 했는데, 얘기를 들으면서 참 당돌하고 용기 있는 사람이라는 걸 알게 됐다.

반대로 아영은 처음부터 굉장히 씩씩한 사람이었다. 자신이 두 명을 사랑할 수 있다는 사실을 가슴으로는 이해하는데, 주변 사람들의 시선이 무겁게 다가와 오랫동안 고민했다고 수다스럽게 털어놓았다. 아영은 강연을 들으러 대구에서 서울까지 올라왔었다. 자주 볼 수 없어 전화나 이메일로 이야기를 나눴는데 아영은 글에서도 에너지가 느껴지는 사람이었다.

승연은 다른 사람들과 다르게 우리가 이미 알고 있던 사람이었는데, 어느 날 종로에서 술을 마시며 떠들다가 우리가 폴리아모리에 대한 책을 쓴다는 것을 알고 본인의 이야기를 들려줬었다. 연애 전선이 활발한 사람으로만 알고 있었는데, 연애가 가진 소유 관념에 대해서 큰 불편함을 토로하는 것을 보고 꼭 책에서 소개해야겠다는 생각을 했었다.

동일은 지인을 통해서 소개를 받은 사람이었다. 그리고 합의를 통해서 배우자와 오픈릴레이션십을 맺은 상태였음에도 동일은 본인을 폴리아모리라고 정체화한 상태는 아니었다. 다시 한

번 정해진 언어가 살아가는 데 절대적으로 중요한 것은 아님을 느끼게 해준 계기이기도 했다. 그런데 폴리아모리로서 인터뷰하면 책에 소개될 수도 있다니까 그럼 자신은 앞으로 스스로를 폴리아모리라고 부르겠다고 너스레를 떠는 유쾌한 사람이었다.

그리고 동일을 만나고 나서 만난 준오도 결혼한 사람이었다. 본문에서는 미지의 입장에서 기술되어 있지만 사실 우리가 먼저 만난 사람은 준오였다. 준오의 이야기를 듣고 나서 파트너가 참 고생했을 것 같다는 생각이 들어 미지를 만나게 해달라고 하고 책에는 미지의 이야기를 실었다. 자유로운 사랑을 원하는 사람을 만나서 고생 참 많았겠다는 우리의 말에 미지는 강하게 고개를 끄덕였다. "그래도 준오 덕분에 삶이 풍요로워졌어요."라던 미지의 말이 생각난다.

나희는 다른 누구보다도 많이 만나고 대화를 나눴던 사람이다. 나희의 질문들을 고민하는 과정에서 3장이 쓰였다. 나희가 다양하게 질문을 하고 스스로 답을 찾아가는 과정에 깊게 몰두할 수 있었던 것은 아마 주변 사람들로부터 많은 공격을 받았던 경험 때문이라고 생각한다. 그래서 그랬는지 만날 때마다 그런 경험을 술안주 삼아 술을 많이 마시게 됐던 것 같다. 나희는 공세적인 질문들로부터 보호하기 위해 폴리아모리가 윤리적인 사랑이라는 것을 굉장히 증명하고 싶어했다. 그리고 다른 사람들이 그런 관계는 오래 가지 못한다는 말에 반박하기 위해 건우와의 연애 관계에서 실패하지 않기 위해 아주 노력했다. 아마 나희와 같은 사람들이 더러 있을 것 같다는 생각이 든다. 그러나 내가 행복하면 되는 것이지 지금의 폴리아모리로 살아가는 사람들이 모두 성공적이라고 여겨지는 관계를 이루어야 한다는 강박을 가질 필요는 없다. 나희는 그런 강박에서 벗어나도록 많이 노력했고, 지금은 꽤 행복하게 본인의 폴리아모리 생활을 영위하고 있다.

폴리아모리는 '윤리적인' 사랑이 아니다. 횡단하는 사랑이며, 그 자체로 자연의 사랑이다. 어차피 우리는 사랑하고 있고, 사랑하게 되어 있다. 올바른 사랑을 찾으려 형이상학을 맴도는 것이 아니라, 그저 우리에게 마주한 강렬함을 그 자체로 기쁘게 사랑하자. 이 책에 나온 폴리아모리 형태나 사례들이 역으로 스스로를 구속한다고 여겨진다면 모두 잊어버려도 좋다. 중요한 것은 삶의 현장이지 지면이 한정된 책 공간이 아니기 때문이다. 부디 이 책이 우리를 더 자유롭고 기쁘게 만드는 사랑과 욕망의 영토가 되기를 바란다.

폴리아모리 깊이 읽기 / 더불어 읽기

바뤼흐 스피노자, 『에티카』, 강영계 역, 서광사, 2007

스피노자는 신에 대한 개념을 기하학적인 방식으로 논증해 나간 결과, '신이 자연 안에 내재해 있다'는 특이한 사상을 주장하게 되었고 때문에 유대인 사회에서 파문당하고 만다. 그에게 신은 자연의 모든 양태들을 산출해 내는 원인으로, 스스로가 산출한 모든 것을 긍정하는 존재이다. 마찬가지로 우리 또한 삶의 과정에서 스스로를, 그리고 서로를 끊임없이 이해하고 긍정할 수 있다. 마주치는 것들을 사랑하고자 하는 사람들에게 강력히 추천한다.

질 들뢰즈, 『차이와 반복』, 김상환 옮김, 민음사, 2004

들뢰즈의 철학을 이해하기 위해서 반드시 거쳐야 할 책이다. 들뢰즈는 이 책을 통해서 '이것이 진리다'라고 외쳤던 동일성의 철학을 비판하고, "차이의 배후에는 아무것도 없다"고 선언한다. 우리가 똑같은 것들이 반복되는 세상에 살고 있는 것 같지만 매순간 차이가 발생한다면, 강렬하게 다가오는 것들에 대한 정서 또한 각각 그리고 시시때때로 달라질 것이다. 세상을 새롭게 발견하고 싶다면 읽어볼 만하다.

질 들뢰즈 · 펠릭스 가타리, 『천 개의 고원』, 김재인 옮김, 새물결, 2001

이전까지 비정치적이라는 지적을 받아왔던 들뢰즈는 가타리와 함께 작업하면서 정치를 배웠다고 설명한다. 그 작업의 결과물이 이 책이다. 이 책을 통해 들뢰즈 · 가타리는 고정된 문명의 억압에서 해방되어 생명의 분열성과 야성성을 긍정한다. 완성되고 정체화된 개인으로서의 정치가 아니라, 서로의 욕망을 통해 새로운 배치를 만들어 가는 과정으로서의 정치적 가능성을 찾고자 한다면 이 책을 추천한다.

펠릭스 가타리, 『정신분석과 횡단성』, 윤수종 옮김, 울력, 2004

횡단성이라는 개념은 기존의 정신분석에서 상정했던 관계의 수직성과 수평성을 극복하고자 제안되었다. 가타리는 삶이라는 것이 마르크스주의에 기초한 수직적인 계급 구분, 그리고 침범할 수 없는 개인주의에 기초한 수평적인 나열로만 이해될 수 없다고 생각했다. 그에 비해 횡단성은 공동체적 접촉경계면에서 무수한 미시적 욕망들이 드러나는 양상이다. 이 욕망들이 작동하는 지도를 그려내는 것이 바로 정신적, 사회적 변화의 시발점이 된다.

펠릭스 가타리, 『기계적 무의식』, 윤수종 옮김, 푸른숲, 2003

가타리는 우리의 무의식을 무수한 기호들로 이루어진 기계로 이해한다. 기계들이 차이 나는 반복을 통해 리듬을 만들고 화음을 형성한 것을 리토르넬로라 부른다. 무의식은 다양한 리토르넬로 속에서 특이성을 생산한다. 그리고 이 특이성의 생산 과정을 프루스트 소설을 예시 삼아 분석해 낸다. 폴리아모리를 성좌의 사랑이라 표현할 수 있는 발상을 제공한 책.

헬렌 피셔, 『왜 사람은 바람을 피우고 싶어 할까』, 최소영 옮김, 21세기 북스, 2009
EBS 다큐프라임 "부부는 무엇으로 사는가?" 다큐멘터리에도 출연한 적 있었던 인류학자 헬렌 피셔가 집필한 책. 그는 불륜이라고 하는 위험한 주제를 다루면서 일부일처제에서 어떻게 이 불륜 현상을 이해하고 다루어야 할지에 대해서 고민한다. "폴리아모리는 역사 속에서 계속 실패해 왔다"는 피셔의 주장을 이해하고자 한다면 이 책을 읽어볼 만하다.

프리드리히 엥겔스, 『가족, 사유재산, 국가의 기원』, 김대웅 옮김, 두레, 2012
폴리아모리를 다루게 될 때 이 책은 『고대사회』를 쓴 루이스 모건과 함께 한 번쯤 거쳐보면 좋을 책이다. 군혼에서 단혼까지 가족 형태의 변화, 그리고 이를 통해 사회가 어떤 형태로 발전했는지를 서술하며 국가의 계급적 성격을 분석한다. 일대일 결혼을 의미하는 단혼제에 대하여 단혼은 결코 개인의 성애의 열매가 아니고 편의를 위한 결합 방식이라고 지적하는 부분은 꽤나 유쾌하다.

Deborah · Anapol, 『POLYAMORY IN THE 21ST CENTURY』, Rowman & Littlefield Publ Grou, 2010
『21세기 폴리아모리』는 저자가 폴리아모리 커뮤니티를 오랜 기간 직접 참여 관찰하고 인터뷰해 가며 깨달은 점들을 에세이 형식으로 써놓은 책이다. 폴리아모리에 대하여 적절하게 이해하고 있음은 물론, 경험들의 축적을 통한 노하우 덕분인지 폴리아모리의 구체적 문제들에 대해서 조심스럽게 접근한다. 본서의 4장은 이 책으로부터 영감을 받은 부분이 상당히 많다.

앤서니 기든스, 『현대사회의 성·사랑·에로티시즘』, 배은경·황정미 옮김, 새물결, 2001

미래의 성과 사랑이 어떻게 이해되고 실천될지에 대해서 연구해 놓은 책이다. 근대를 사로잡았던 낭만적 연애관이 아니라 친밀성을 기반으로 한 자유로운 사랑이 미래에 유행할 것이라는 전망을 담았다. 특히 여성이 기술의 발전으로 인류 재생산을 위한 도구처럼 이해되던 구도에서 벗어나 더 자유로운 사랑이 가능해질 것이라고 기술한 부분은 상당히 설득적이다. 새로운 가족의 탄생에 대해서 연구하고 싶다면 꼭 한 번 봐야 할 책이다.

백산서당 편집부, 『프랑스 5월 혁명』, 백산서당, 1985

우리가 흔히 '68 혁명'이라고 부르는 사건을 다룬 책이다. 이 책은 프랑스 5월 혁명 때 사용된 구호나 쓰인 글들이 다수 수록돼 있다. 우리는 폴리아모리의 사랑 개념이 상당 부분 68 혁명이 외치던 사랑과 욕망에 닿아 있다고 보고 있다. 68 혁명의 자유, 사랑, 평화에 대한 갈망은 전 세계적으로 계승되고 있다. 과연 그때 그들이 외치던 목소리는 어떤 느낌으로 울려 퍼졌을지 알고 싶다면 이 책을 통해서 대신 느껴보는 것도 좋다.

조너선 하이트, 『바른 마음』, 왕수민 옮김, 웅진지식하우스, 2014

윤리의 문제를 심리학적으로 분석한다면 어떤 결론이 나올까. 칸트 이래로 수많은 철학자들이 옳고 그름의 문제를 논리적으로 비판하고 이에 따라 사회를 규제하는 방식을 정하는 데 집중했다면, 심리학자 조너선 하이트는 실제 인터뷰와 실험들의 결과들을 가지고 이야기를 펼쳐나간다. 따라서 우리는 이 책을 통해 다음과 같은 점을 조금이나마 이해할 수 있다. 즉, 윤리라는 것은 어떻게 각자에게 다른 방식으로 작동하고 있는가.

사드, 『밀실에서나 하는 철학』, 정해수 옮김, 민음사, 2011

도착성애를 묘사한다는 지적을 받으면서 병원과 감옥을 전전하다가, 결국 가학증이라는 말의 기원이 되는 사드 후작이 쓴 희곡 형식의 작품. 사회에서 용인될 수 없는 형식의 성행위들을 하면서 대화를 통해 자유와 사회와 신에 대해 형이상학을 펼치는 내용이다. 만일 그때에도 폴리아모리라는 개념이 있었다면 그 역시 자신을 폴리아모리라고 부르지 않았을까.

김석, 『에크리』, 원저자 자크 라캉, 살림, 2007

에크리는 쓰여진 글이라는 뜻이고, 글이란 읽어낼 수 있는 것이다. 그리고 난해하기로 유명한 정신분석학자 라캉의 글을 읽어낸다는 것은 수많은 해석들과 마주친다는 일이다. 하지만 이것을 상상계, 상징계, 실재계라는 도식을 활용하여 가능한 한 체계적으로 정리해 낸 책이 바로 김석의 책인 것 같다. 이론적 측면에서 전기 라캉을 이해하고 싶다면 추천하는 책.

르네 데카르트, 『방법서설』, 이현복 옮김, 문예출판사, 1997

내가 보고 있는 이 세계는 꿈일지도 모르고, 내가 믿고 있는 이성적 사고들은 나쁜 신의 장난일지도 모른다. 그렇다면 적어도 내가 이렇게 의심을 지속하고 있는 한, 나는 존재한다! 세계에 대한 의심으로부터 나에 대한 확신까지 도달했던 철학자 데카르트의 짧은 이야기. 수학적인 방법과 명석판명한 지식에 대한 추구를 통해 궁극적으로 개인주의에 도달하게 된다는 점에서, 근대적인 사고의 시작이라 부를 수 있다.

미셸 푸코, 『감시와 처벌』, 나남, 오생근 옮김, 2003

지식이 권력이 되어 우리를 감시하고 처벌한다면? 지금까지 우리는 권력자들이 초월적으로 존재하면서 우리를 억압한다고 생각했다. 하지만 그것들은 일종의 효과일 뿐, 사실은 우리끼리 서로에 대해서 또는 스스로에 대해서 끊임없는 가책을 행사하는 구조 전체가 분석되어야 한다. 그것이 감옥이라는 공간에서 역사적으로 어떻게 형성되었고 또 어떻게 작동하고 있는지 푸코의 계보학적 분석을 따라가 보자.

애너매리 야고스, 『퀴어이론 입문』, 박이은실 옮김, 여성문화이론연구소, 2012

퀴어란 무엇인가라는 문제의식을 중심으로 퀴어라는 개념이 사용되었던 역사를 훑어본다. 이 책은 어떤 측면에서 계보학적이며, 따라서 퀴어란 무엇인지에 대한 답을 얻기를 원한다면 그러한 집착은 잠시 놓아두는 것이 좋다. 우리는 퀴어학자 야고스의 책을 통해 성소수자 또는 퀴어들이 어떻게 살아왔는가, 그리고 그들은 어떻게 그들 자신을 구분해 왔는가에 대해서 알아볼 수 있다.

장 보드리야르, 『시뮬라시옹』, 하태환 옮김, 민음사, 2001

이 현대 사회는 자본의 구조가 만들어낸 허상들의 관계망이다. 사회학자 보드리야르는 니체가 얼굴 없는 가면이라 불렀고, 벤야민이 아우라의 상실이라 불렀던 원본이 없는 복사본들이, 때로는 실재보다 더 실재 같은 허상들이 되어 활동한다고 지적한다. 소비를 창출하기 위해 다양한 전략들을 구사하는 영상과 광고들이 포스트모던의 시대를 만나 차이를 끊임없이 발산하고 있지만, 그것은 우리를 무기력하게 만드는 역설을 낳기도 한다.

케이트 본스타인, 『젠더무법자』, 조은혜 옮김, 바다출판사, 2015

BDSM, LGBT, 페미니즘에서 모두 왕성하게 활동하고 있는 극작가 본스타인의 에세이. 그/녀에게 무법적이라는 것은 젠더를 받아들이자는 말도 아니고 해체하자는 말도 아니고 자유롭게 되자는 말도 아니고 거부하자는 말도 아니다. 트랜스젠더나 섹슈얼리티의 다양성에 대해서 조금 더 친숙해지고 싶다면 입문하기 좋은 책.

주디스 버틀러, 『젠더트러블』, 조현준 옮김, 문학동네, 2008

기호학과 정신분석학이 페미니즘을 가로지른다면 어떻게 되는지 보여주는 책. 페미니스트 버틀러는 섹스/젠더/섹슈얼리티가 모두 문화적 인식의 문제이며 따라서 젠더라고 이야기한다. 젠더의 근본이었던 섹스도 사실 젠더였다면, 기존의 페미니즘이 저항하고자 했던 권력의 본질이라는 것은 허구적인 것이 된다. 그렇다면 본질이 없는 가운데에서 우리는 어떤 정치적 움직임들을 드러낼 수 있을까.

시몬 드 보부아르, 『계약결혼』, 이석봉 옮김, 선영사, 2001

수석과 차석이었던 두 천재의 만남. 실존주의자였던 보부아르와 사르트르는 자신들의 전적인 자유와 그에 따르는 책임을 받아들이기로 했고, 계약을 통해 서로를 지극히 사랑하지만 동시에 다른 사람을 사랑할 수 있는 공식적인 부부로 자리매김했다. 굉장히 합리적인 것처럼 보이지만 의외로 우여곡절도 트러블도 많았던 그들의 자세한 이야기를 들으려면 보부아르의 이 자전적 소설을 읽어보기를 추천한다.

박현욱, 『아내가 결혼했다』, 문학동네, 2006

폴리아모리를 배우자로 겪는 모노아모리가 느낄 감정들과 생각들에 대해서 찬찬히 풀어낸 소설. 읽다 보면 폴리아모리가 겪는 현실적인 한계들에 공감이 간다. 이 소설은 정윤수 감독에 의해 영화로도 만들어졌다. 영화로서는 매력 없는 제목과 비난 어린 평가들 때문에 망설여질 수도 있지만, 폴리아모리의 구체적 삶에 대해 그려보기 위해서는 이 영화가 도움이 된다.

우리는 폴리아모리 한다

1판 1쇄 발행 | 2017년 7월 25일
1판 2쇄 발행 | 2020년 11월 25일

지은이 | 심기용, 정윤아
펴낸이 | 조영남
펴낸곳 | 알렙

출판등록 | 2009년 11월 19일 제313-2010-132호
주소 | 경기도 고양시 일산서구 중앙로 1455 대우시티프라자 715
전자우편 | alephbook@naver.com
전화 | 031-913-2018
팩스 | 031-913-2019

ISBN 978-89-97779-85-7 03300

*책값은 뒤표지에 있습니다.
*잘못된 책은 바꾸어 드립니다.